श्रीराम का बचपन

D1881674

श्रीराम का बचपन

राजेन्द्र मोहन भटनागर

वाणी प्रकाशन

वाणी प्रकाशन

4695, 21-ए, दरियागंज, नयी दिल्ली 110 002

फ़ोन : +91 11 23273167 फ़ैक्स : +91 11 23275710

शाखाएँ

अशोक राजपथ, पटना 800 004, बिहार

कॉफ़ी हाउस कैम्पस, महात्मा गांधी मार्ग, इलाहाबाद 211 001, उत्तर प्रदेश

महात्मा गांधी अन्तरराष्ट्रीय हिन्दी विश्वविद्यालय, वर्धा 442 001, महाराष्ट्र

www.vaniprakashan.com
marketing@vaniprakashan.in
sales@vaniprakashan.in

Shriram Ka Bachpan
by Rajendra Mohan Bhatnagar

ISBN : 978-93-5229-865-5
Biography

© लेखकाधीन

प्रथम संस्करण 2022

मूल्य : ₹ 150

इस पुस्तक के किसी भी अंश को किसी भी माध्यम में प्रयोग करने के लिए प्रकाशक से लिखित अनुमति लेना अनिवार्य है।

आर. टेक ऑफ़सेट प्रिंटर्स, दिल्ली-110 032 में मुद्रित

"राम राम सा।"

"राम राम जी।"

ऐसा रास्ते में कई बार हुआ। रामलखन की समझ में नहीं आया कि प्रायः जो आता-जाता है या रास्ते में मिलता है, उसका अधूरा नाम क्यों लेता है? जब उसे इसका उत्तर समझ में आया, तब उसने दादी से पूछा।

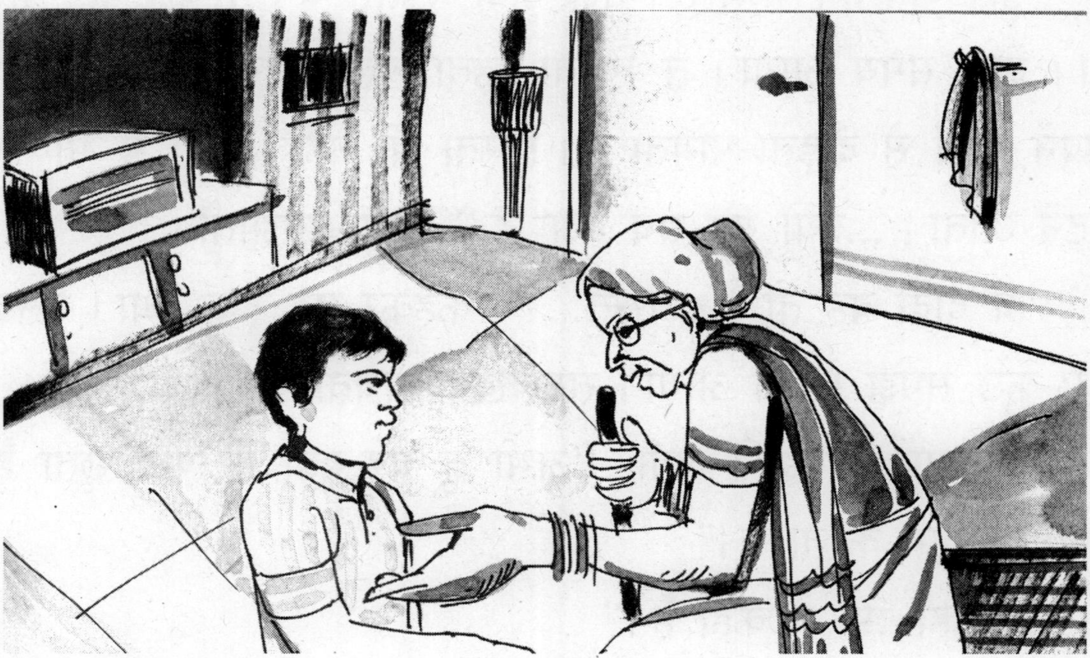

दादी ने हँसते हुए कहा, ‘‘तू हमारा सबका राम है। तेरा नाम तेरे दादाजी ने राम रखा था। उसमें मैंने लखन और जोड़ दिया था। यों तेरा नाम रामलखन पड़ गया था।’’

‘‘क्यों दादी?’’ रामलखन ने पूछा।

‘‘राम हमारे भगवान हैं। उनके छोटे भाई लखन थे।’’

‘‘राम भगवान हैं। भगवान कौन होता है!’’

‘‘तू है न हमारा भगवान, रामलखन।’’ दादी ने समझाया।

‘‘लेकिन वे सब राम राम सा कहते हैं। राम का नाम दो बार लेते हैं। ...क्यों दादी? जिसे राम राम सा कहते हैं, वह भी उत्तर में राम राम जी ही कहता है। ...यों...।’’ रामलखन उलझ जाता।

‘‘तू उलझ मत समय कब आयेगा? कहाँ से आयेगा? ...दादी, सच-सच बता।’’ रामलखन ने धीरे-धीरे पूछा।

‘‘तुझे याद है। पहले हम तुझे गोदी में लेते थे। तू चल नहीं पाता था। फिर समय आया। तू गिरता-पड़ता चलने लगा। और अब तू अपने पाँवों से दौड़ता-भागता है। गिरता भी नहीं। गोदी में भी नहीं चढ़ने आता। ...क्यों यह सब हुआ है,’’ दादी समझाती।

‘‘हाँ दादी वह तो है। परन्तु...?’’ कहकर वह रुक गया। उसकी कुछ-कुछ समझ में भी आया। रामलखन सोचता रहा।

दादी आगे समझाने लगी, ‘‘अभी तू बड़े-बूढ़ों के पाँव छूता है। उनको प्रणाम करता है।’’

‘‘हाँ...हाँ...माँ ने कहा है।’’

“वैसे ही, मिलते समय राम राम सा... राम... राम जी का नाम वे लेते हैं। खुश भी हो लेते हैं। इस तरह भगवान का नाम लेकर वे अपने मन को राज़ी कर लेते हैं।” दादी ने समझाया।

“दादी, वह भगवान क्यों हैं? मैं क्यों नहीं हूँ? जबकि मेरा नाम भी राम है।”

“तू भी हो सकता है।”

“कैसे, दादी?”

“उन जैसे काम करने से।”

“कैसे काम, दादी?”

“रामलखन, दूसरों के काम करते थे। दूसरों की सेवा करते थे। ...किसी का मन नहीं दुखाते थे। झूठ नहीं बोलते थे। माता-पिता का कहना मानते थे। बड़े-बूढ़ों का आदर करते थे। उनकी सहायता करते थे। किसी से लड़ते-झगड़ते नहीं थे।”

“ऐसा करने से क्या मैं भी भगवान बन जाऊँगा,” रामलखन पूछता।

“बच्चे होते ही भगवान का रूप हैं। वे सच्चे होते हैं। बड़े प्यारे होते हैं। सबकी आँखों के तारे होते हैं। ...तू भी है तो ...पर कभी-कभी अपने छोटे भाई से झगड़ जाता है। उसे मार देता है। रुला देता है।” दादी उसे समझाती।

“भगवान राम जब छोटे थे तक क्या वह ऐसा नहीं करते थे?” रामलखन पूछने लगता।

“तू क्या उनका वह रूप देखना चाहता है?”

“क्यों नहीं? पर कैसे?”

“पहले पक्के से बता?”

‘‘हाँ...हाँ देखना चाहूँगा।’’ रामलखन तपाक से कहता।

तभी दादाजी का प्रवेश होता है। तब तक दादी आगे सुनाने लगती–

“आज से हज़ारों वर्ष पहले अयोध्या में राजा दशरथ राज करते थे। वे क्षत्रिय थे। सूर्यवंशी क्षत्रिय थे। बड़े प्रतापी राजा थे। चक्रवर्ती थे। राम उनकी सबसे बड़ी रानी कौशल्या और राजा दशरथ के सबसे बड़े पुत्र थे।

राम का पूरा नाम रामचन्द्र था। लेकिन आज उन्हें जाना श्रीराम के नाम से जाता है। जैसे तुझे भी सब राम के नाम से पुकारते हैं– रामलखन से कम।’’

‘‘दादी, तू मुझे फिर बहकाने-भटकाने लगी है।’’

‘‘ना रे छोरे, ना।’’

‘‘तूने कहा था कि...।’’

‘‘मुझे सब याद है। तूने भी वादा किया था। ...मैं तेरे सब्र की जाँच कर रही थी। ...उतावलापन ठीक नहीं होता, म्हारे नन्हे से रामलखन।’’ इतने कहकर दादी ने दीवार घड़ी की ओर देखा। दादा वहीं कुर्सी पर आ बैठा। वह सोच रहा था कि वह भगवान राम को कैसे दिखलायेगी?

रामलखन में भगवान को देखने की लालसा बढ़ चली थी। दादी वहाँ राम को कैसे दिखलायेगी? यह दादा की समझ में नहीं आ रहा था।

दादी घड़ी की ओर रुक-रुककर देख रही थी। दादा चमक रहे थे। रामलखन की आँखें दरवाज़े पर टिकी हुई थीं। बाहर से आने का अकेला रास्ता वही था। उधर से आयेंगे।

कैसा पगला बनाया है उसे! राम कहाँ से आयेंगे? वह हैं कहाँ? झूठमूठ की बात वह क्यों करती है?

''सुनो जी, तीन बजने वाले हैं। ज़रा साधना चैनल लगाओ न।'' दादी ने धीरे से कहा।

''क्या होगा, बासे?'' दादा ने तुरन्त कह डाला।

''वह तुम भी देख लेना। तुम्हारा पोता भी देख-जान लेगा कि उसकी दादी कैसा जादू करती है।''

चैनल का नम्बर बोल, देवी।

"साधना। तीन सौ तीन चैनल पर आता है, जी।" दादी ने आगे कहा, "उस पर आज से भगवान का बाल वर्णन शुरू होने जा रहा है।"

रामलखन में उत्साह की किरणें फैलीं। वह मन-ही-मन प्रसन्न होने लगा। उसे टी.वी. देखना अच्छा लगता है। अब वह सचमुच रामजी के बचपन की झाँकी देख सकेगा। टी.वी. पर उसने महाभारत देखा था।

दादा ने तीन सौ तीन चैनल लगाया था। टी.वी. में से रोशनी (लाइट) चमकी थी। परन्तु उसके बाद बिजली चली गयी। टी.वी. बन्द हो गया।

रामलखन हैरान हो उठा। वह कहने लगा, "इस बिजली को भी इसी समय जाना था।"

दादा दादी की ओर देखकर मुस्कराया ही था कि लाइट आ गयी।

"रामलखन, तू चिन्ता मत कर। अब बिजली नहीं जायेगी।"

"क्यों दादी?"

"जैसे मैंने मन-ही-मन अभी राम राम को भजा था। वैसे तू भी भजता रह। फिर बिजली नहीं जायेगी। तुझे उनके भजने का प्रभाव भी ज्ञात हो सकेगा।" दादी ने उसके दादा की ओर देखते हुए कहा।

टी.वी. चल पड़ा। एक युवती बोल रही थी, "आपका प्रिय चैनल बच्चों, घरवालों सबके लिए लेकर आया है—भगवान से जाने जाते श्रीराम का बचपन। ताकि सब भगवान के बाल रूप से परिचित हो सकें। साथ में अपने बचपन से उसे जोड़ सकें। देख सकें कि उनको अपना बचपन कैसे उस दिशा में ले जाना है।"

इसके बाद दूसरी युवती बोलने लगी, "बचपन जीवन की नींव है। बालक बड़ा होकर कैसा बनेगा, उसमें उसकी एक झलक भी मिलती है।"

अब पहले वाली युवती बोलने लगी, "आज अयोध्या के चक्रवर्ती राजा दशरथ के सबसे बड़े पुत्र श्रीराम का बचपन देखेंगे। उनको भगवान माना जाता है।"

अब दोनों युवतियाँ टी.वी. के पर्दे से गायब।

राजमहल का उभरता दृश्य। बहती सरयू नदी से होता हुआ वह राजमहल के एक आँगन पर जा ठहरा। वहाँ युवतियाँ ढोलक, मजीरे बजा रही थीं। साथ ही तुरही, ढोल, बाँसुरी की बड़ी प्यारी आवाज़ गूँज रही थी। इसी बीच युवतियाँ गा उठीं–

लला का जन्म भयो
घर-घर आनन्द भयो
उत्साह-उल्लास भयो
चहुँ ओर मंगल भयो
लहर भरयो तन मन!

ढोलक पर थाप पड़ी। कुछ युवतियाँ नाच उठीं। धीरे-धीरे गीत उठा–

रंगमहल सज गयो
ढोल ढोलक बज रह्यो
झम झम धुन सुन्यो
नूपुर पर रंग चढ्यो
महक उठ्यो कण कण।

रामलखन चौंक पड़ा। अब दृश्य बदल गया था। उसने पूछा, ''दादी माँ, ये सब क्या होने लगा है?''

''सामने सिंहासन है सोने का। उस पर हीरे-मोती चढ़े हैं। सिंहासन से उठकर राजा दशरथ उन लोगों से घिर गये हैं, जो उन्हें पुत्र जन्म पर बधाइयाँ दे रहे हैं।''

''इतनी भीड़! इतने उपहार!''

''हाँ, रामलखन, वह चक्रवर्ती सम्राट हैं। दूर-दूर तक उनका राज्य फैला हुआ है। अनेक राजा उनके अधीन हैं ...तू देखता जा। अभी बहुत कुछ होना शेष है।'' दादी ने टी.वी. की ओर देखते हुए समझाने का प्रयास किया।

''परन्तु राम कहाँ हैं?''

''अभी उनका जन्म हुआ है। फिर नामकरण संस्कार होगा। तब वे माँ कौशल्या की गोद में बैठे नज़र आयेंगे।

''और वे साधू-सन्त, ...दादी।''

वे भी राजा दशरथ को पुत्र जन्म पर बधाई-आशीर्वाद दे रहे हैं।''

''लेकिन उनके पुत्र तो वहाँ नहीं हैं। फिर वे आशीर्वाद किसे दे रहे हैं?

''राजा दशरथ को, मेरे भोले राम।'' कुछ रुककर दादी ने कहा, ''अभी जच्चा-बच्चा बाहर नहीं आ सकते। ...टी.वी. पर वह दृश्य भी जल्दी आने वाला है।''

''दादी, तुम तो...।''

"हाँ रे, म्हारे नन्हे-मुन्ने राम, टी.वी. पर इतना समय नहीं दिखाया जा सकता। उनके बड़े होने में वर्ष लगेंगे।"

"तो लगेंगे तो लगेंगे।"

"ना रे, टी.वी. पर इतने वर्ष दो-चार दिनन में भी दिखाये जा सकते हैं।" दादी ने समझाया।

तभी शंख ध्वनि हो उठी। एक साथ ग्यारह शंख बज उठे। डोल/ढोलक भी बज उठे। हवन भी शुरू होकर पूरा हो गया। दादी तनिक ज़ोर से बोली, "बातन के राजकुमार टी.वी. के स्क्रीन पर आँखें बनाये रख। वो ...नामकरण भी हो गया। ऊँचे स्वर में नाम पुकारा जा चुका है।"

"दादी, वही कौशल्या माता हैं। उनकी गोदी में ही राम हैं न ... नन्हे से राम। छोटे-छोटे हाथ-पाँव वाले राम। वह इस समय चुप हैं। ...वह आँखें बीच-बीच में खोल-मूँद रहे हैं।" रामलखन ने गद्‌गद होते हुए बताया और ख़ुश होता रहा।

बिजली फिर चली गयी।

"दादी, यह बिजली को क्या हो रहा है?"

दादी ने दीवार घड़ी की ओर देखकर कहा, "आज अपनी तरफ़ तीन तीस से बिजली कट है, राम। ...वैसे इस सीरियल का समय भी पूरा हो रहा है। ...आगे सीरियल कल देखेंगे।"

दादा उठ खड़े हुए।

रामलखन भी उठकर बाहर चला गया।

रामलखन के मन में अयोध्या के अनेक दृश्य उठते रहे। सजा हुआ राजभवन (दरबार) अत्यन्त मोहक रंग-बिरंगा। सोने के पतरे पर हीरे-मोती जड़े हुए थे। स्तम्भ थे अत्यन्त चमकीले।

दिन के तीन बज रहे थे। साधना चैनल प्रारम्भ हो गया। आज दादा नहीं थे।

दादी बोल पड़ी, ‘‘रामलखन तेरे-मेरे सबके राम लला घुटनों के बल चलने लगे हैं। पीछे-पीछे उनकी माँ कौशल्या हैं। आगे-आगे वह तेज़ चलने लगे हैं। थोड़ी दूर चलकर रुक जाते हैं। फिर मुड़कर पीछे देखते हैं। देखकर फिर तेज़ घुटने के बल चलने लगते हैं।’’

रामलखन कहता, ‘‘दादी, मैं भी तो ऐसे चलता था।’’

‘‘क्यों नहीं, लला। प्रायः शुरू-शुरू में इस उम्र के सभी बच्चे ऐसे ही चलते हैं। ...वह देख राम, लला, फिर रुक गया है।’’ दादी कहकर उसकी ओर देखने लगती।

‘‘उसे कुछ दिखलाई पड़ा है। वह उसे उठाकर चाटने लगता है। तब कौशल्या टोकती है, ‘‘राम—थूक दे।’’ वह नहीं थूकता। उलटे तेज़ी से आगे बढ़ने लगता।

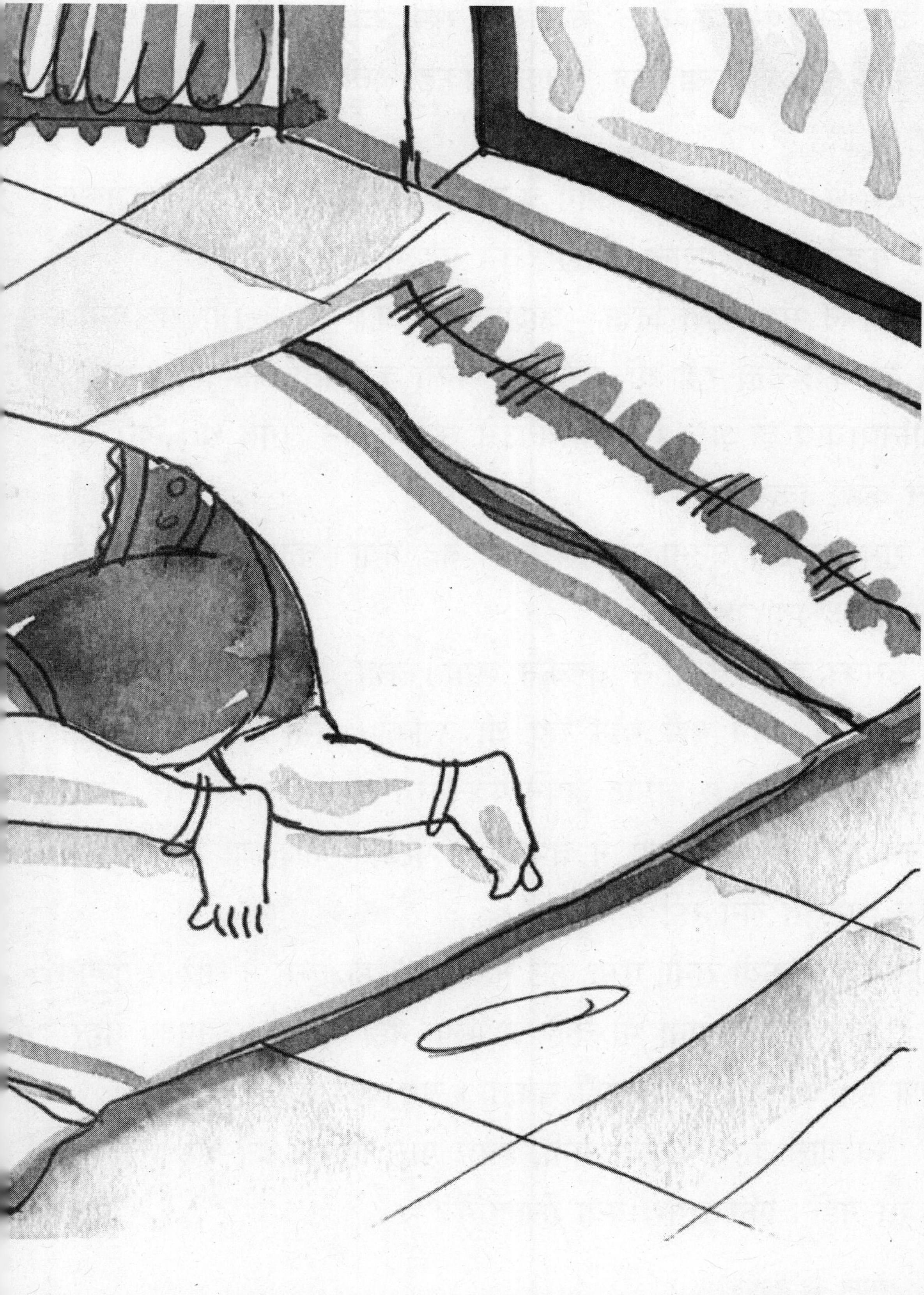

कौशल्या पुनः कहती, "रुक-रुक, राम, रुक।"

राम को कौशल्या तेज़ चलकर पकड़ लेती है और कहती, "थू कर, थू।"

राम थू नहीं करता है। आगे चलने की कोशिश करता है। कौशल्या फिर कहती, "मुँह खोल। दिखा, तूने मुँह में क्या धरा है?"

राम ने मुँह खोल दिया। कौशल्या उसका मुँह देखती रह गयी। वह जो कुछ देख रही थी, उसे वह किसी को बता भी नहीं सकती। ज्योतिषाचार्य के शब्द ऐसे समय उसे स्मरण होने लगते थे। फिर वह कैसे कहे? किससे कहे?

राम चुपचाप घुटनों के बल आगे बढ़ गया। कौशल्या अचरज से राम को देखती रह गयी।

उसका हृदय तेज़ी से धड़कने लगा। क्या वह ज्योतिषाचार्य को पुनः बुलावे? मन नहीं मान रहा था उसका। रानी कैकेयी राम को बहुत प्यार करती है, शायद अपने पुत्र भरत से भी ज़्यादा। वह उसके सामने पड़ गयी। कैकेयी ने तपाक से पूछा, "कौशल्या बहन, आप आज चिन्तित लग रही हैं?"

"नहीं, कैकेयी रानी, ऐसा कुछ नहीं है।" कौशल्या ने धीरे से कहा।

"आप कुछ छिपाना भी चाहें तो छिपा नहीं सकतीं। आपका चेहरा दर्पण है। वह कुछ छिपा नहीं सकता। सब कुछ उगल देता है।"

"विश्वास करो, कैकेयी रानी, हमारे पास छिपाने को क्या है! कुछ भी तो नहीं। फिर तुमसे क्या छिपाएँगे?"

''एक बार लगा, कौशल्या बहन। बस। और कुछ नहीं।'' कैकेयी झट से कह गयी।

''अच्छा, यह तो बताओ। इधर तुम कहाँ जा रही थीं?'' कौशल्या ने पूछा।

''प्यासा कहाँ जायेगा, कौशल्या महारानी।''

"यह तो प्यासा ही बता सकता है। ...मैं नहीं।'' कौशल्या ने कहा। कुछ समय रुककर कौशल्या ने पुनः कहा, ''वास्तव में क्या तुम यह जानना चाहती हो?''

''अवश्य, कौशल्या बहन।''

''तो उधर देखो।'' कौशल्या ने दाहिने हाथ से इशारा कर कहा, ''सब कुछ समझ में आ जायेगा। पुत्र मेरा है। है तो है। पर तुमसे वह सबसे अधिक प्यार करता है। उधर से वह तुम्हारे महल में ही जायेगा। ...है न।''

''हाँ-हाँ ...जायेगा।''

''बच्चा प्यार को समझता है। मुझे ख़ुशी है।'' कौशल्या मुस्करा दी।

''पर यहाँ एक दूसरी बात भी है। भरत छोटा है। अभी ढंग से बैठ भी नहीं पाता है।'' कैकेयी बोली।

''तो?''

''तो यह, महारानी जी, राम को अपने छोटे भाई पर प्यार उमड़ रहा है। वह उसके साथ खेलता है। उससे बहुत प्यार करता है। यही हाल भरत का है। वह ठीक से कुछ कह तो नहीं पाता परन्तु राम को अपने पास न पाकर वह मुझ पर क्रोध जताता है। हाथ-पाँव चलाता

है। ...तनिक कौशल्या जी, मेरे साथ तो आओ।''

''अभी नहीं। फिर कभी।''

''आज हमारी बात रख लो, महारानी जी।'' कैकेयी ने धीरे से कहा।

अब कौशल्या कैकेयी के साथ हो ली। महल में प्रवेश करने से पहले कैकेयी ने हाथ का संकेत देकर कौशल्या को रोका। साथ ही चुप बना रहने का भी संकेत दिया।

कौशल्या क्या देखती है कि राम घुटनों के बल चला जा रहा है। पलँग के पास आकर वह रुक गया है। अब मन्थरा पलँग के पास, नीचे बिछौना करने लगी है। बिछौना कर भरत लला को उठाकर नीचे लिटा रही है।

राम बड़े ध्यान से भरत को देख रहा है। भरत राम को देखकर खुश हो रहा है। राम ताली बजाकर भरत के पास आ बैठा है।

मन्थरा राम को प्यार से कह रही है, "लला, भरत आपके आने का इन्तज़ार कर रहा था। कई बार द्वार की ओर टकटकी बाँधे देखता रह जाता था।"

राम ताली बजाने का अभ्यास भरत को करा रहा है। भरत भी साथ दे रहा है।

मन्थरा भी बीच-बीच में ताली बजाकर दोनों की ओर प्यार से देखती है।

कुछ रुककर मन्थरा राम लला और भरत की बलैयाँ लेकर गाने लगती है—

पाले पाले राम भैया
देखन आये भरत भैया
दोनों में प्यार पलता
हरख हरख लहराता

राम और भरत दोनों मन्थरा की ओर देखते रह जाते हैं।

मन्थरा पुनः आगे गा उठती है—

भाइयों में प्यार ऐसा,
कहीं न देखा हो जैसा!
मक्खन में घी जैसा
फूलों में माला जैसा
गंगा में यमुना जैसा
दूध में खाँड जैसा

भाइयों में प्यार ऐसा,

कहीं न देखा हो जैसा!

इसी समय मन्थरा को कुछ याद आ गया। वह यह कहती चली गयी, ''दोनों भाई खेलते रहना मैं यह गयी, वह आयी।''

राम कह रहे थे, भ...भ...र...त...। भरत भी प्रयत्न कर रहा था– र...आ...रा...रा...। वह बोला, ''...अ...आ...।''

''म और बोल, म...म...म...।'' भरत केवल बोल पा रहा था, ''अ...'' ज़ोर लगाकर, ''आ...'' ही बोल पाया। तभी मन्थरा आ गयी दो कटोरियाँ लेकर बोली, ''मेरे नन्हे राजकुमारो, आँखों के तारो, अब माखन मिसरी का भोग लगा लो। मुलायम-मुलायम ताज़ा-ताज़ा माखन। उसमें मिली हुई है पिसी हुई मिसरी। धीरे-धीरे चाटोगे। चटकारे ले लेकर चाटोगे।''

इस तरह मन्थरा ने पहले राम को माखन मिसरी चटानी चाही।

राम ने भरत की ओर इशारा किया।

मन्थरा बोली, ''आप भरत के बड़े भाई हो। सो पहले आप।''

राम ने सिर हिला दिया। नहीं, पहले छोटा भैया। संकेत से समझाया।

मन्थरा जानती थी। भरत को माखन मिसरी स्वादिष्ट नहीं लगती। कैकेयी भी माखन मिसरी नहीं चटा पाती थी। सब वह जबर्दस्ती करके उसे चटाती थी।

भरत चाट तो लेता था। चाटने के बाद थू...थू करने लगता था। साथ में मुँह बिगाड़ लेता था।

आज मन्थरा राम को माखन मिसरी चटाना चाहती। देखना चाहती थी। फिर भरत को चटायेगी। तब क्या होगा?

वह दोनों भाइयों के अटूट प्यार को समझने लगी थी।

मन्थरा ने राम को गोदी में लिया। फिर झूठमूठ माखन मिसरी चटाया। पता नहीं ऐसा क्या हुआ। भरत ने भी राजी-राजी माखन मिसरी चाट लिया।

दोनों खुश। दोनों के बाल सुलभ चेहरों पर मुस्कराहट। मन्थरा ने दोनों का मुँह पोंछा।

राम ने ताली बजायी। भरत ने किलकारी भरी। राम लौटने लगा। भरत देखता रहा। वह टकटकी लगाकर देख रहा था।

कैकेयी ने इशारे से कौशल्या को छिपा रहने का आग्रह किया। कौशल्या और आड़ में हो गयी।

उधर मन्थरा ने भरत को न चाहते हुए गोदी में उठाया। दूसरे हाथ से बिछौना उठाया। पलँग पर लगाया उस पर भरत को लिटा दिया। भरत कुछ-कुछ उदासीन हो उठा। मन्थरा उसे प्रसन्न करने के प्रयतन करने लगी।

कैकेयी ने आगे बढ़कर राम का स्वागत किया। ताली बजायी। वह पुकारने लगी–"राजकुमार राम, प्यारे लला। कहाँ जा रहे हो?"

राम रुक गया। रुककर उसने कैकेयी की ओर देखा। किलकारी भरी। वह बोला, ''माँ...माँ...।'' इसके साथ कैकेयी की ओर वह तेज़ी से बढ़ने लगा। कैकेयी उसे अपनी ओर आता देखकर पीछे हटती गयी। थोड़ी देर बाद वह जहाँ-तहाँ रुक गया। गरदन उठाकर राम ने कैकेयी की ओर देखा।

कैकेयी ने ताली बजायी। हाथ के इशारे से अपनी ओर आने का संकेत

दिया। उसने दोनों हाथ उसकी ओर बढ़ाकर अपने पास आने का इशारा किया। पर राम जस-का-तस अपनी जगह बना रहा। वह आगे नहीं बढ़ा।

कैकेयी बोली, ''हमारे रूठे राजकुमार मान भी जाओ। आ भी जाओ।''

राम आगे नहीं बढ़ा। उलटे सिर नीचे कर लिया। कैकेयी मुस्काई और बोली, ''हमारे प्राण से प्यारे राजकुमार राम आप तो सत्य के अवतार हैं। असत्य को अपने पास नहीं फटकने देते हैं। फिर यह नाराज़ी क्यों?''

राम मानो सुन नहीं रहे थे। वह चुप बने रहे।

तभी कैकेयी ने दोनों हाथ फैला दिये। ...फिर धीरे से उसके बगल में गुलगुली मचा दी।

अब क्या था कि राम हँस पड़े। हँसते-हँसते खड़े हो गये। वह गिर

पड़ते। इससे पहले उसने कैकेयी के गले में दोनों हाथ डाल दिए। झट से वह उनसे चिपट गया। कैकेयी ने राम को अपने से चिपका लिया। प्यार किया। दोनों एक हो गये। राम बोले, ''माँ...माँ...।''

''क्या है, हमारे भोले बाबा।''

राम कुछ नहीं बोले। तब कैकेयी ने कौशल्या को पुकारा, ''महारानी जी, अपने लाडले को सँभालो।''

राम की आँखें चमकीं। वह इधर देखने लगे। कौशल्या पीछे से सामने आ गयी।

राम हँस पड़े।

कौशल्या ने राम को दोनों हाथ फैलाकर लेना चाहा। पर राम ने कैकेयी के कन्धे में अपना मुँह छिपा लिया।

''जाओ, राम जाओ।'' कैकेयी ने कौशल्या को देने का प्रयत्न किया। लेकिन राम ने कसकर कैकेयी को पकड़ लिया।

''देखो, कौशल्या जी, कहाँ हमारी ओर देख नहीं रहा था। ...कहाँ अब मुझे छोड़ नहीं रहा है!''

''असली पुत्र तो यही है तुम्हारा, कैकेयी रानी। हम तो जन्म देने वाली रहे। सँभाला और लाड़ दिया तो आपने। बच्चा प्यार को समझता है।'' कौशल्या ने कहा।

''राम, तुम्हारी माँ जा रही है। सोच लो। ...उनके साथ जाना है या नहीं।''

कौशल्या ने जाने का नाटक किया। तभी राम बोल पड़ा, ''माँ... माँ...माँ...आ...आ...।''

कौशल्या के पाँव एक बार जाम हो गये। दूसरे ही पल वह लौट पड़ी। दोनों बाँहें फैला दीं। राम तपाक से उसकी बाँहों में आ गया।

कैकेयी ने कहा, ''बच्चा अपने दूध को पहचानता है।''

''अपने प्यार को भी।'' यह कहकर कौशल्या मुड़ गयी। राम शान्त भाव से देखते रह गये।

टी.वी. बन्द कर दिया। रामलखन ने पूछा, ''आगे दादी।''

दादी ने कहा, ''कल फिर तीन बजे। टी.वी. सीरियल में कहानी ऐसे ही दिखाई जाती है।''

तीसरा दिन। तीन बजे। टी.वी. ऑन किया। पर वह चला नहीं।

"दादी...।"

"लाइट नहीं हे। शायद वह कट का शिकार हुई है। आजकल बिजली का संकट गहरा गया है। कल शनिवार है। परसों रविवार।"

"तो, दादी?"

"शनिवार और रविवार टी.वी. चैनल पर 'राम का बचपन' नहीं दिखाया जाता है। वह सोमवार से शुक्रवार तक ही आता है।" दादी ने समझाया। जाकर पढ़-पढ़ा ले, रामलखन।

टी.वी. पर चौथे दिन 'राम का बचपन' आना फिर कट गया। रामलखन हताश होने लगा। पूछने लगा, 'राम का बचपन' तो देखना रह जायेगा।"

"नहीं। निराश नहीं होते। कल अवश्य आयेगा।"

"वह कैसे?"

"कल देख लेना। मेरी बात सच निकलेगी।" दादी ने कहा।

कल भी आया।

एक बनजारा गा रहा था। वह मस्ती में था। रामलखन और दादी सुन रहे थे—

जहाँ मिलते हैं राम,
बनते हैं सबके काम।
ख़ुश होते मन के राम,
पाकर अनुकूल परिणाम।
आओ लेकर हरिराम,
शुरू करें अपना काम।
बूढ़े बच्चे सब समान,
पाते हैं अपना मुकाम।

कहता-गाता वह बनजारा चला गया। तब रामलखन ने दादी से पूछा, "वह किस राम को याद कर रहा था?"

"उसी राम को जिसको तुम अभी टी.वी. पर देखने वाले हो।" दादी ने कहा, "वह साथ में इकतारा पर वही धुन निकाल रहा है।"

"आप तो कह रही थीं कि वह राम बहुत पहले हुए थे। फिर वह अब कहाँ से आ गये!" रामलखन पूछा रहा था।

"हाँ, यह सच है, रामलखन, वह अब हमारे बीच में नहीं हैं। लेकिन उनका काम है। चरित है। उनका नाम है आज तक। वह आगे भी रहेगा। उनके नाम का यह असर है।" दादी ने समझाया।

"उनका नाम लेने से सब काम बन जायें, दादी, तो फिर मैं पढ़ूँ क्यों? क्यों स्कूल जाऊँ?" रामलखन प्रश्न उठाता।

इस पर दादी हँस पड़ी। वह बोली, ‘‘तू राम नाम ले और देख तेरा पेट भरा या नहीं।’’

‘‘पेट तो खाना खाने से भरेगा, दादी।’’ रामलखन बोला, ‘‘नाम लेने से नहीं।’’

‘‘फिर राम का नाम वह क्यों ले रहा था? क्यों इकतारा पर राम धुन निकाल रहा था? क्यों बिना खाये-पीये वह मस्त हो रहा था? क्या मिल रहा था उसे उससे आनन्द?’’ दादी ने एक साथ अनेक प्रश्न जड़ दिये।

रामलखन हैरान रह गया। उसे कुछ समझ में नहीं आया। वह दादी की ओर देखता रह गया।

‘‘वह बेकार में राम नाम ले रहा था। अपना समय भी ख़राब कर रहा था। ...फिर भी वह मस्त था या नहीं। उसे ऐसा करना अच्छा लग रहा था या नहीं।’’ दादी ने प्रश्न कर डाले।

रामलखन सोचकर बोला, ‘‘उसे आनन्द आ रहा था, दादी।’’

‘‘क्या खाना खाने से वह आनन्द आ सकता है?’’ दादी ने पूछा।

रामलखन चक्कर में पड़ गया। वह चुप रह गया।

‘‘क्या खाना खाकर कभी तूने इतना आनन्द अनुभव किया है, रामलखन?’’

रामलखन कह गया, ‘‘नहीं दादी।’’

‘‘मन को मनाना ज़रूरी है।’’

‘‘कैसे?’’

"जैसे कैकेयी ने राम को गुलगुली मचाई। फिर उसे गोदी में उठाया। प्यार किया। राम ख़ुश होकर कैकेयी से चिपट गया। इतना ख़ुश हुआ वह! माँ कौशल्या के बाँहें फैलाने पर उसके पास नहीं आया—एक बार। ...ऐसा देखा न तूने।" दादी ने समझाया।

रामलखन की समझ में कुछ-कुछ आया। वह बोला, "हाँ तो।"

"तो, मेरी आँखों रामदुलारे, राम का नाम पक्के मन से लेने से आनन्द मिलता है। उससे मन चंचलता भूल जाता है। एकाग्र हो जाता। ...हम सब मन को ख़ुश रखना चाहते हैं। ...मन को ख़ुश रखने की अकेली दवा है—राम का नाम पक्के मन से लेना। फिर राम के अलावा सब कुछ भूल जाना। ...राम जैसे काम करना। मन लगाकर हर एक काम करना। ऐसा काम जो हर एक मन को पसन्द आये। आनन्दित कर दे।" दादी कहे जा रही थी।

रामलखन का ध्यान टी.वी. पर टिका हुआ था। वह तत्काल बोला, "दादी, दादी, ...राम का बचपन शुरू।"

दादी की निगाहें टी.वी. पर जा टिकीं।

टी. वी. शुरू।

"नारायण नारायण..." बोलते हुए नारद सामने आ गये।

सामने दशरथ का दरबार सजा हुआ था। बीच में दशरथ बैठे हुए थे। उनके दोनों तरफ़ दरबारी थे। दशरथ सोने के सिंहासन पर थे। नारद को देखकर खड़े हो गये। उनका स्वागत किया। सब दरबारी भी खड़े हो गये।

दशरथ ने कहा, "विष्णु के अनन्य भक्त नारद क्या समाचार हैं? क्या आज्ञा है।"

"रामलला का आकर्षण यहाँ खींच लाया है, राजन।" वह यह कैसे कहते कि विष्णु ने राम बनकर अवतार लिया है। वह जानना चाहते थे। संसार बनाने वाला रामलला बन वह क्या-क्या क्रीड़ाएँ कर रहे हैं! कैसे मन बहला रहे हैं?

"नारायण नारायण..." कहते हुए नारद ने आगे कहा, "आनन्द तो आपका निकेतन है।"

"सब आपकी कृपा है, विष्णु के अनन्य भक्त नारायण। ...हम भी आपके हैं। रामलला भी आपके हैं।" दशरथ ने हाथ जोड़ते हुए कहा।

विराट् सृष्टि को बनाने वाला विष्णु शिशु भर कैसे किलकारी भरता है? कैसे अपने आस-पास का चित्त अपने से जोड़ लेता है। उसको लला बनकर कितना मोद आता है। आज नारद राम के रूप में विष्णु को गोद में उठायेगा। उनसे पूछेगा, "इस लोक में आकर अपने विराट् रूप को कैसे भूल जाते हो?"

दशरथ कहते हैं, "विष्णु के अनन्य मुनि-भक्त, आपको तो विष्णु ने वरदान दिया है। आप कहीं भी जा-आ सकते हो।" इसके बाद एक दासी को बुलाकर कहा, "विष्णु प्रिय नारद

को अन्दर ले जाओ। सबको कह देना नारद जी आये हैं अपने रामलला को देखने।''

''देखने मात्र नहीं। वे तो सबके लला हैं। सबके लला को जानने के लिए। ...राजन, आप भाग्यशाली हैं। सृष्टि में ऐसा भाग्यशाली होना इक्के-दुक्के को ही सम्भव है।"

इस समय टी.वी. पर विज्ञापन आने लगे। तब रामलखन ने पूछा, ''दादी-दादी, नारद कौन हैं?''

दादी ने बताया, नारद मुनि हैं। वे विष्णु के भक्त हैं। राम के रूप में स्वयं विष्णु कौशल्या के गर्भ में पले। उससे ही उनका जन्म हुआ। नारद उनकी बाल लीलाओं का आनन्द जानने के लिए स्वर्ग से पृथ्वीलोक में आये। पृथ्वी को मृत्युलोक भी कहा जाता है। वहाँ जिसका जन्म होता है उसकी मृत्यु भी अवश्य होती है।"

नारद यही जानना चाहते थे। विष्णु को मृत्युलोक में जन्म लेना क्यों इतना अच्छा लगता है!

अब नारद अन्तःपुर में प्रवेश कर चुके थे। वहाँ दो बालक खेलते मिले। वह नारायण नारायण कहते आगे बढ़े। साथ में वीणा की धुन में नारायण नारायण निकलते रहे।

राम समझ गये। वह खेलना छोड़ अन्तःकक्ष में कौशल्या के पीछे जा छिपे।

कौशल्या ने पूछा, ''राम क्या बात है। अभी तो तू बाहर खेल रहा था।"

इतने में भरत भी वहाँ आ गया। वह पूछने लगा, ''राम भैया, यहाँ भाग आये हैं।''

"क्यों?"

"बाहर एक चुटिया-धारी आ गया है—नारायण नारायण कहते हुए। तभी वह यहाँ भाग आये।"

कौशल्या मुस्कराई। वह बोली, "राम पीछे से सामने आओ।" वह यह भी जान गयी। चुटियाधारी हाथ में वीणा लिए नारद आये हैं।

इतने में राम सामने आ गये। वह बोले, "अब नहीं खेलेंगे, भरत भैया।"

"माँ ...आप कहो न राम भैया से। वह खेलें। अभी वह खेल रहे थे। अचानक नारायण नारायण का बोल सुनकर भाग आये।"

"कहती हूँ। पहले नारद जी का स्वागत कर लूँ। वह देवलोक से पधारे हैं। मुनिवर हैं। भगवान विष्णु

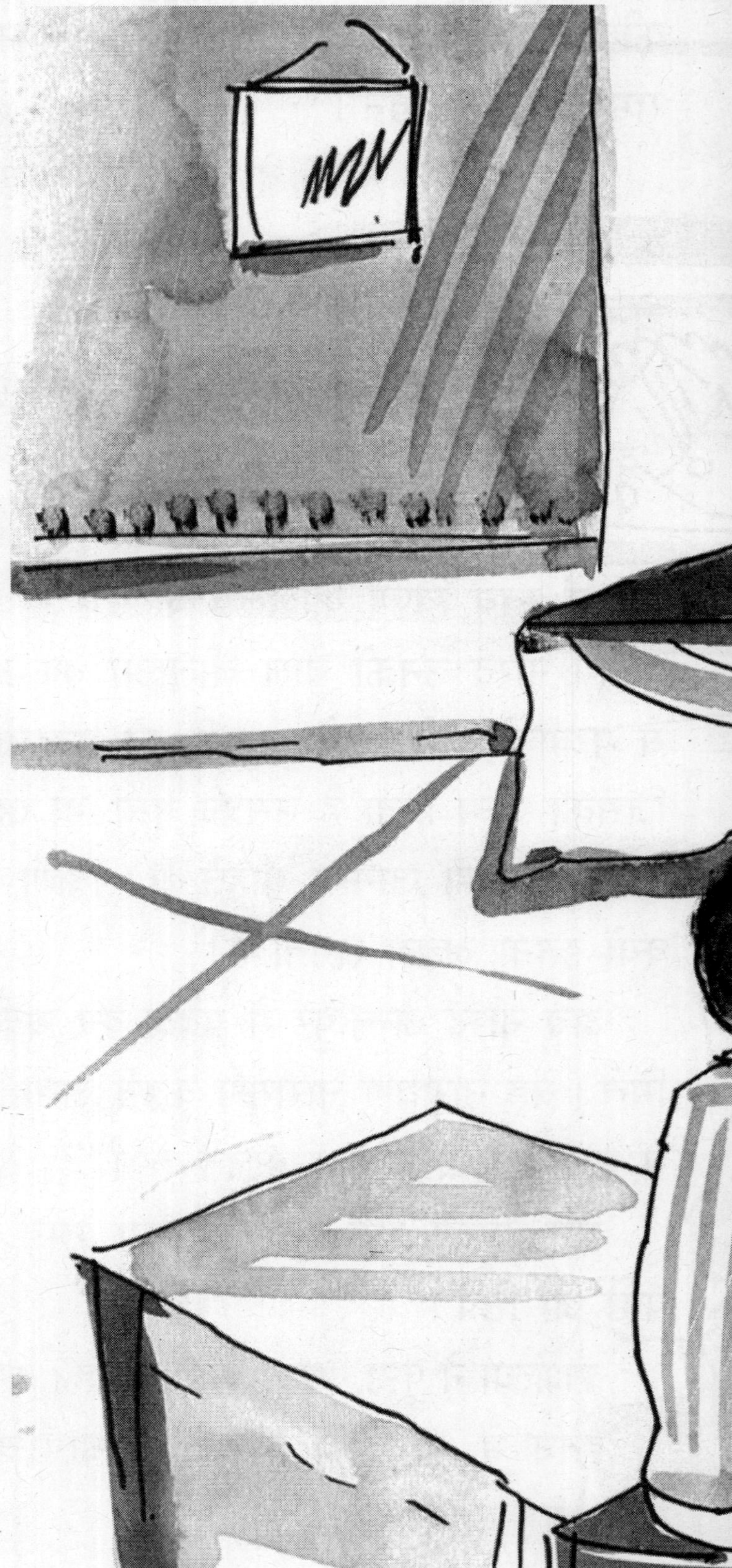

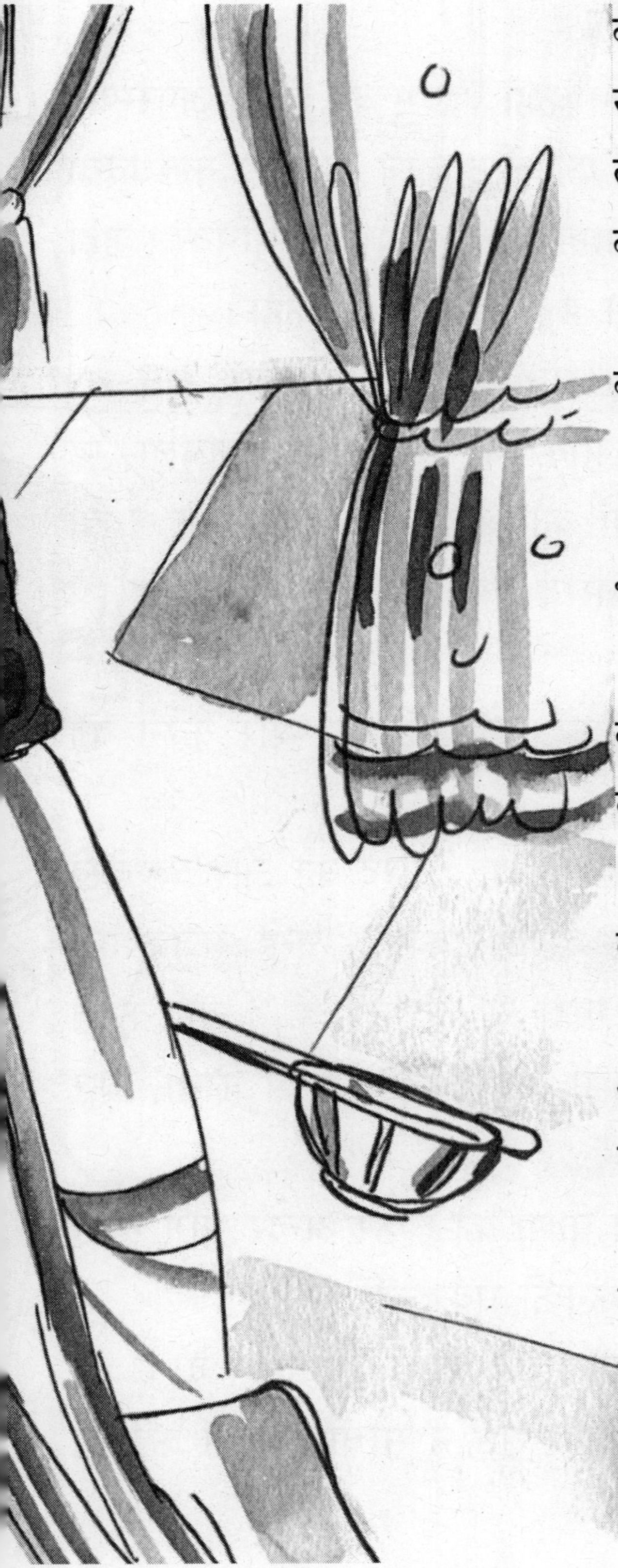

के कृपा पात्र। ...तुम दोनों भी मेरे साथ आओ। सब उनका आशीर्वाद लेंगे।'' इतना समझाकर वह दोनों का हाथ पकड़े बाहर आयीं।

नारद नारायण नारायण कर उठे। कौशल्या ने उन्हें प्रणाम किया।

नारद ने आशीर्वाद दिया।

कौशल्या ने राम और भरत से भी पाँव छूने को कहा।

दोनों आगे बढ़े। भरत ने नारद के पाँव छू दिये। जैसे ही राम आगे बढ़े वैसे ही नारद पीछे हटकर बोले, ''एक के पाँव छूने का मतलब है दोनों ने पाँव छू लिए।

पर राम नहीं आगे बढ़ा। नारद और पीछे हट गये। तभी कौशल्या बोली, "पीछे कैकेयी है, मुनिवर।''

अब कोई चारा नहीं था। वह राम के अभिनय को समझ गये। कोई शंका जन्म न ले। राम ने उनके पाँव छुए। तुरन्त नारद ने उनको गोद में भर लिया। राम सहज बने रहे।

कैकेयी ने प्रणाम किया।

नारद ने आशीर्वाद दिया। साथ में कहा, ''प्रभु की लीला अपरम्पार है। मैं छिपकर देख रहा था। दासी को लौट जाने के लिए कह दिया था। दासी लौट गयी।'' ''आपका आना अत्यन्त शुभ है, मुनिवर। जहाँ आप वहाँ लगता है साक्षात् भगवान हैं।'' कैकेयी ने कहा।

''मैंने यहाँ सुना है। बच्चों में भगवान बसते हैं। यह सच है। अपने राम भी विष्णु ही हैं। हालाँकि वह गोदी में कुलबुला रहे हैं। गोदी से उतरना चाहते हैं। माँ को सामने देखकर कौन बच्चा परायी गोद में रहना चाहेगा।'' नारद राम की ओर देख रहे थे टकटकी बाँधे।

नारद चाहते थे राम को प्यार करें। लेकिन वह प्यार करने का साहस नहीं कर सके।

उधर भरत भी गोदी में आना चाहता था। नारद की ओर वह देखे जा रहा था। नारद ने उसकी ओर देखकर कहा, ''नन्हे राजकुमार, अब तुम्हें गोदी लेता हूँ। प्रभु को गोदी से उतारता हूँ।'' यह कहते हुए नारद ने एक बार राम को हवा में उछालकर गोदी में लिया, फिर उतार दिया।

राम गोदी से उतरते ही नारद की वीणा को लेकर अन्दर भाग गये। कौशल्या मना करती रही। राम ने उनकी एक नहीं सुनी।

नारद कहने लगे, ''उनकी ही दी हुई है वीणा। ले जाने दो।''

कौशल्या और कैकेयी दोनों चमकीं। राम ने सोचा, उनको कब दी यह वीणा?

नारद समझ गये। तुरन्त स्थिति सँभाली। वह बोले, "भगवान विष्णु को वीणा बहुत प्यारी है। उन्होंने प्रसन्न होकर दी थी। मेरे प्रभु वही हैं।"

नारद भावुक हो रहे थे। थोड़ी देर पहले के दृश्य को याद कर रहे थे। वह छिपकर देख रहे थे।

राम को भरत पकड़ने के लिए दौड़ रहे थे। राम उससे अधिक तेज़ी से भाग रहे थे। जब तब भरत थक कर खड़े हो जाते, तब राम भी अपने स्थान पर खड़े रह जाते थे। इस बार भरत तेज़ी से दौड़ पड़े। राम भी दौड़े। इसी समय भरत गिर पड़े। रोने लगे।

राम भरत के पास आये। उसे हाथ पकड़कर उठाया। वह धीरे-धीरे उठा। रोने लगा।

तब राम ने कहा, "भैया, हम-तुम राजकुमार हैं। राजकुमार साहसी और वीर होते हैं। वह रोते नहीं। यह माँ बताती है। ...इस कारण तुम रोना बन्द करो। शान्ति से चल पड़ो। जैसे कुछ हुआ ही न हो।"

भरत तुरन्त चुप हो गया। चलने भी लगा। यह देखकर मुझे अचरज हुआ। राम ने किस चतुराई से अपने छोटे भाई को सँभाला। यह सब प्रभु का वरदान है।

"नारद मुनि यह सब आपका आशीर्वाद है।" कहकर कौशल्या ने राम को आवाज़ लगाई, "राम वीणा लेकर आओ।"

राम बाहर नहीं आया।

कौशल्या अन्दर जाने लगी। तब कैकेयी ने उसे रोका। उसने कहा, "मैं लेकर आती हूँ। आप यहीं रहें।"

भरत नारद की गोदी में बहुत ख़ुश था। कई बार ताली भी बजा चुका था।

राम को लेकर कैकेयी बाहर आयी। इस बार कैकेयी के हाथ में वीणा थी। वह कह रही थी, ''राम, नारद मुनि को अपने हाथ से वीणा दो। साथ में क्षमा भी माँगो। "उनमें से सिवा नारद के यह किसको पता था! राम विष्णु के अवतार हैं।

नारद ने क्षमा के लिए मना किया। वह बोले, ''बच्चे भगवान का रूप होते हैं। फिर भगवान कभी ऐसा काम भी नहीं करते हैं जिसके लिए उन्हें क्षमा माँगनी पड़े।''

लेकिन राम ने सचमुच क्षमा माँग ली। नारद मन-ही-मन विष्णु लीला का आनन्द लेते हुए कह उठे, ''प्रभु, क्षमा तो आप मुझे कीजिए। सब कुछ जानते हुए मैंने आपको सताया। कष्ट पहुँचाया। नारायण नारायण कहते हुए लौटने लगे। वह लौटने से पहले यह मन-ही-मन यह कहना नहीं चूके, ''प्रभु मुझे क्षमा करना। ...हे अन्तर्यामी विष्णु, जगत स्रष्टा, प्रश्न सदा मेरे मन को कुरेद रहा है। आप चाहें तो कहीं भी पहुँच सकते हो। फिर जन्म लेने की आपको क्या आवश्यकता है!''

विष्णु ने नारद को मन-ही-मन कहा, ''मैं अपनी सृष्टि को उसी के रूप में प्रकट होकर यह याद दिलाने जाता हूँ। वह शक्तिशाली है। वह गुणवान है। वह लीलाधर है। वही भगवान भी है। बाल जीवन के अनुभव मेरे से जुड़ जाते हैं। तब सबको आनन्द की किलकारी का आकर्षण अपने से जोड़ लेता है। ...मुझे भी माता-पिता की ज़रूरत है।

भाई-बहन, अन्य सम्बन्धियों से जुड़ने की इच्छा रहती है। इस बहाने मैं अपनी सृष्टि को उसकी सृष्टि बनाकर लौट आता हूँ।''

''आप तो सर्वव्यापी हैं। कण-कण में हैं।'' नारद सवाल उठाते हैं।

''अपनी सृष्टि के साथ जन्म लेने का आनन्द ही कुछ और है। नारद, कौशल्या माँ मिली। दशरथ पिता। घर-परिवार अलग।''

''जैसी प्रभु, आपकी इच्छा।''

''तुम्हारी नहीं, नारद। ...इच्छा है तभी तुम आये। मुझे गोदी में उठाकर गद्‌गद हो उठे।''

अब वह सीरियल वहीं रुक गया था—आगे कल का सन्देश देकर। तब रामलखन ने प्रश्न किया था, ''तुम बता रही थीं दादी, भगवान ऐसे होते हैं। वह भी जन्म लेते हैं। उन्होंने तो जगत् बनाया है। फिर भी...।''

''हाँ, रामलखन, भगवान ने यह लोक बनाकर अपने होने का रास्ता खुला रखा है। जो सब में हैं, वही भगवान हैं।''

''मुझमें भी।''

''हाँ, रामलखन, तुझमें भी। तभी तो तू अब अपना अनुभव कर रहा है। तभी सब बच्चों में भगवान को हम देखते हैं। उनको भगवान मानते हैं, मेरे आनन्द के प्यारे रामलखन। आज इतना ही।''

दादी इतना कहकर करवट ले लेती है। रामलखन उठकर बाहर आ जाता है।

अयोध्या की सरयू नदी का तट। राजप्रासाद (महल) की झाँकी। उसके बीच हरा-भरा मैदान। मैदान में खेलते चार बच्चे। उनमें राम व भरत को तो रामलखन ने पहचान लिया। वह गेंद को उछाल रहा है। उछालकर लपक रहा है। गेंद कपड़े में रुई भरकर बनी लगती है।

भरत गेंद हवा में उछाल देता है। साथ ही वह कहता, "शत्रुघ्न लपको।" गेंद उसकी ओर उछाली गयी थी।

शत्रुघ्न उस ओर दौड़कर गेंद को गिराने की दिशा में पकड़ लेता है। लेकिन गेंद उसके हाथ से छूटकर गिर जाती है।

दूसरी बार लक्ष्मण गेंद हवा में बहुत ऊँची उछालता है। राम उसे लपकने के लिए भागता है। ध्यान से गेंद की ओर देखता है। गेंद उसके हाथ में आकर उछाल ले लेती है। राम तुरन्त गेंद को फिर से लपक लेता है। गेंद ज़मीन पर नहीं गिरने से बच जाती है। इस तरह अब गेंद उछालकर फेंकने की बारी राम के पाले में आ जाती है। राम गेंद फेंकता है।

अब लक्ष्मण गेंद की दिशा में भागता है। राम ने गेंद अधिक ऊँची नहीं फेंकी है। इस कारण लक्ष्मण गेंद को लपक लेता है।

अब शत्रुघ्न को गेंद फेंकनी है। वह पूरे जोश और ताक़त से गेंद दूर दिशा में फेंकता है। वह ज़ोर से कहता भरत गेंद लपको।

भरत गेंद की दिशा में दौड़ पड़ता है। भागते हुए वह गेंद लपकने की कोशिश करता है। गेंद उसके हाथ में न आकर उसके मुँह पर लगती है। वह जहाँ-तहाँ मुँह पकड़कर बैठ जाता है। राम और शत्रुघ्न दौड़ पड़ते हैं भरत की ओर।

भरत पीड़ा को छिपा लेता है। वह कहने लगता है मेरे पाँव में कंकड़ चुभ गया था। इस कारण मैं डगमगा गया।

''मुँह पर से हाथ हटाओ, भरत।'' राम कहता।

‘‘मुझसे ग़लती हो गयी, भैया। मैंने गेंद दूसरी दिशा में उछाल दी थी।’’ शत्रुघ्न पश्चात्ताप करता।

‘‘नहीं, शत्रुघ्न भैया, इसमें तुम्हारी कोई ग़लती नहीं है। गेंद तुमने तो घेरे के अन्दर ही डाली थी।’’

‘‘पर सोचकर मैंने गेंद फेंकी थी। गेंद तुम भी लपक न पाओ। हिसाब बराबर।’’ शत्रुघ्न ने सच उगल दिया।

‘‘खेल में जीत-हार न हो तो वह खेल कहाँ रहेगा!’’ भरत कहने लगता है।

राम उसके मुँह से हाथ हटाकर देखता है। वह चौंक पड़ता है। उसकी नाम से ख़ून निकल रहा था। राम मैदान के उस कोने से पीली गीली मिट्टी लेकर आता है।

‘‘यह क्या है, भैया।’’

‘‘माँ मेरी नकसीर चल पड़ी थी तब मुझे उसने गीली पीली मिट्टी सुँघाई थी। थोड़ी देर में नाक से ख़ून आना रुक गया था। ...तू भी सूँघकर देख। तुरन्त ख़ून बन्द हो जायेगा।’’

तभी उनके दोनों सेवक दौड़कर पास आ गये। पूछने लगे, ‘‘क्या हुआ? खेल क्यों बन्द हो गया? हम दोनों पास में लगे सीताफल तोड़ने चले गये थे। यहाँ के सीताफल बहुत मीठे हैं, राजकुमारो। हमें क्षमा कर दीजिए। हमारी लापरवाही रही। अब बताओ, हमें क्या आज्ञा है?’’

उन सबको सीताफल बहुत अच्छा लगता था। भरत तो बहुत चाव से खाता है। वह चट बोला, ‘‘यहीं बैठकर सीताफल क्यों न खायें?’’

''पहले नकसीर तो बन्द हो जाये, भरत।''

''वह बन्द हो गयी है, भैया।'' कहकर उसने नाक से पीली मिट्टी हटाई और कहा, ''ये देखो। ख़ून मिट्टी सूँघने से बन्द हो गया है।''

राम ने देखा। उसने कहा, "सीताफल ले आओ। साथ में खड़े वाले पत्ते भी। उस पर रखकर खायेंगे। एक पत्ते में गुडलियाँ डालते जायेंगे। ...उससे गन्दगी नहीं होगी। लौटते हुए इन पत्तों को दूर किसी स्थान पर डाल देंगे।''

अब सब सीताफल का छिलका एक पत्ते में रखकर खाने लगे।

भरत ने कहा, ''यहाँ के सीताफल बहुत स्वादिष्ट होते हैं। एक बार मैं माँ के साथ आया था। तब माँ ने दासी को सीताफल लाने को भेजा था। ...तब से जाना था कि...।''

''बात कम। खाने पर ध्यान दो। लौटना भी है।'' लक्ष्मण ने धीरे से कहा।

''लक्ष्मण भैया, सीताफल हम सबको पसन्द है। लेकिन भरत को सबसे ज़्यादा पसन्द है। ...साथ में बतरस का भी अपना आनन्द है।'' राम ने सधे हुए स्वर में सीताफल के रस को निचोड़ दिया।

अब वे सब प्रसन्न थे। भरत नकसीर को भूल गया था। सेवक पत्ते उठाने लगा तब राम बोल पड़ा, ''सेवक बन्धु, सीताफल हमने-तुमने साथ-साथ खाये हैं। इस कारण पत्ते भी अपने आप उठायेंगे।'' इसके साथ ही राम ने अपने पत्ते पर रखे फल के छिलके समेट लिए। एक सेवक ने सीताफल रखे गुडलियों वाले पत्ते को अपने पत्ते के साथ उठा लिया।

अब वे सब रथ में बैठ चुके थे। रथ चल पड़ा था। कोचवान के पास सेवक बैठे हुए थे। राम शान्त भाव से हरियाली की फ़ैली रंग-बिरंगी चादर से मन-ही-मन संवाद कर रहा था।

रामलखन दादी से पूछ रहा था, "वो दो बालक कौन थे?"

दादी ने कहा, "शत्रुघ्न और लक्ष्मण थे वे दोनों। दशरथ की दूसरी रानी सुमित्रा थी। उसके दो पुत्र थे—लक्ष्मण और शत्रुघ्न।"

"लेकिन इस सीरियल में अभी तक यह नहीं दिखाया-बताया है। क्यों दादी?"

"तूने ध्यान नहीं दिया, रामलखन, शुरू में यह बता दिया था। उस समय सुमित्रा उन दोनों को लेकर उनके ननिहाल चली गयी थी।" दादी ने बताया।

"ननिहाल क्या दादी?"

"वे दोनों अपने नाना के घर गये हुए थे। ...सुमित्रा अपने माता-पिता के घर लेकर आयी थी।"

"इन सभी में गहरा लगाव था। ...दादी, फिर भी राम के कौन नज़दीक थे?"

"इन सब में आपस में बहुत प्रेम था।" दादी ने ख़खारकर कहा।

"फिर भी..."

"फिर भी क्या, रामलखन। प्रेम कोई तराजू में तौलने का नहीं होता। जा, अब जाकर पढ़ ले। नहीं तो सब कहेंगे, दादी उसे पढ़ने नहीं देती।"

यह सुनकर रामलखन को उठना ही पड़ा।

अब वे सब बड़े होने लगे थे। दशरथ को उनकी शिक्षा की चिन्ता सताने लगी थी वह रानियों से बात कर रहे थे। बच्चों को कहाँ पढ़ाया जाये? राजमहल में यह व्यवस्था सम्भव नहीं।

"क्यों नहीं है, राजन! आप चाहें तो सब सम्भव है।" कैकेयी ने कहा।

कौशल्या दशरथ को याद दिलाती थी। उन्होंने पुत्र प्राप्ति के लिए पुत्रेष्टि यज्ञ कराया था। राम का जन्म उस यज्ञ की देन है। बाहर जाना कहाँ तक उचित रहेगा?"

सुमित्रा शान्त थी।

राजसभा को वयोवृद्ध सलाहकार और दशरथ के परम हितैषी पुष्करदत्त ने सुझाव दिया था। गुरु वशिष्ठ का आश्रम सर्वोत्तम है। उनकी शिक्षा राजप्रासाद से दूर होगी तो जनजीवन से जुड़ने, जानने और अपने साथियों का परिचय पा सकेंगे। यह व्यवस्था राजप्रासाद (महल) में सम्भव नहीं है।"

राजदरबार में यह चर्चा चल रही थी। अचानक ऋषि वशिष्ठ गुरु

का आगमन हो गया। सब खड़े हो गये। दशरथ ने उनका स्वागत किया।

गुरु वशिष्ठ बोले, "राजन, भूत, वर्तमान और भविष्य को एक ऋषि पहचान सकता है। क्या हो रहा है? वह कितना अनुकूल है? वह कितना प्रतिकूल है? आने वाले समय की क्या माँग है?"

"हाँ, ऋषिवर गुरु वशिष्ठ आपका आना अकारण नहीं हो सकता। ...आज्ञा कीजिए।" दशरथ ने हाथ जोड़कर कहा।

"आने वाला समय नयी पीढ़ी का है। उसको जानते हुए व्यवस्था बनानी है। आपकी वंश परम्परा इसकी साक्षी है।" ऋषि वशिष्ठ ने दशरथ को तुरन्त स्मरण कराया—

रघुकुल रीति सदा चलि आयी
प्राण जायी पर वचन ना जायी

...यह परम्परा आने वाली पीढ़ी को निभानी है। पर कैसे?"

"आपके मार्गदर्शन में ऋषि।"

"ऋषि के पास दृष्टि है। करना तो वंश को है।"

"उचित है, ऋषिवर। ...आप आदेश कीजिए, ऋषिवर।"

"राजन, राज्य का भविष्य प्रजा के कल्याण में है। ...आपके चारों पुत्र आपकी प्रजा और राज्य का भविष्य हैं। ...मैं उनको अपने आश्रम की विद्यापीठ में शिक्षा देना चाहता हूँ। इस समय मेरे यहाँ आने का यही उद्देश्य है।" ऋषि वशिष्ठ ने विश्वास के साथ कहा।

"ऋषिवर, अहोभाग्य हैं हमारे। आपने हमारी समस्या का पल भर में समाधान कर दिया।" दशरथ ने पुनः हाथ जोड़कर कहा।

‘‘परसों का दिन शुभ है, राजन। सूर्योदय के साथ आश्रम में स्वागत है।’’ ऋषि वशिष्ठ ने कह डाला।

सारी सभा स्तब्ध रह गयी।

‘‘जो आज्ञा, गुरुदेव। ...ऐसा ही होगा।’’

‘‘मैं चलता हूँ, राजन। आशीर्वाद।’’

गुरु वशिष्ठ उसके बाद वहाँ एक पल नहीं ठहरे। जैसे आये थे, वैसे चले गये।

सूर्योदय होने में है। आश्रम सक्रिय हो रहा है। सब अपने-अपने कार्य में व्यस्त हैं।

गुरु वशिष्ठ सूर्योदय से पहले से अपने आसन पर ध्यानमग्न हैं।

सब जानते हैं आज सूर्योदय के साथ राजा दशरथ के चारों पुत्र शिक्षा के लिए आने वाले हैं। गुरु वशिष्ठ सबको पहले ही समझा चुके हैं। सब शिष्य समान हैं। राजपुत्र भी आपके समान शिष्य हैं। ...कोई विशेष बात नहीं है।

सूर्योदय के साथ दो रथ आश्रम के द्वार पर रुक गये। चारों पुत्र, उनकी माताएँ और स्वयं राजा उपस्थित हुए।

गुरु वशिष्ठ ने राजा का स्वागत किया। उनकी माताओं और दशरथ को आश्रम और विद्यापीठ की व्यवस्था का अवलोकन कराया।

एकदम खुली जगह। चारों ओर प्राकृतिक दृश्य। साथ में लगे व्यायाम केन्द्र। शिष्यों को रहने की व्यवस्था कुटियों में। आचार्य वर्ग शिष्यों को निर्देशन देते हुए। हर प्रकार के अस्त्र-शस्त्र संचालन की व्यवस्था भी है।

दशरथ और उनकी पत्नियाँ वहाँ के वातावरण से प्रभावित होकर यही कह पाये, ''श्रेष्ठ ...उत्तम।''

सब प्रसन्न हो उठे।

गुरु वशिष्ठ ने कहा, ''राजन और माताओ, सम्पूर्ण राज्य संचालन का प्रशिक्षण भी मिल सकेगा यहाँ पर। ...आज आप यहाँ सबके साथ कलेबा करके जायेंगे।''

''जो आज्ञा गुरुदेव।''

बार-बार माताओं को विशाल गौशाला की झाँकी का स्मरण हो रहा था। तब कैकेयी ने प्रश्न किया, ''गौ माताओं की सेवा कैसे होती है?''

कौशल्या ने पूछा, ''खेती का काम कौन करता है?''

तब एक शिष्य ने उत्तर दिया, ''माता, यहाँ जो कुछ आप देख रही हैं, वह यहाँ शिष्य मण्डली

करती है। आचार्य निर्देशन ही नहीं देते, वे भी हर काम में हाथ बँटाते हैं। स्वयं गुरुदेव वाटिका की अकेले देखभाल करते हैं। गुरुदेव ने अपनी कुटिया स्वयं बनाई है।"

"तब ..." कहकर सुमित्रा रुक गयी।"

गुरुदेव वशिष्ठ ने उत्तर दिया, "राजकुमारों को भी यह सब करना होगा। चिन्ता मत करो, यहाँ के शिष्यों को देख रही हैं। सब बलिष्ठ हैं। सुन्दर हैं। साथ में परस्पर मित्र हैं। एक-दूसरे के सहायक हैं।"

राम बोल पड़ा, "हम भी चित्त लगाकर पूरे दमखम से कार्य करेंगे।"

"मुझे ज्ञात है, राम। तभी मैं तुम सबको यहाँ स्वयं लेने गया था।"

कलेवा हो चुका था। दूध, मक्खन, अंकुरित दाल, हरी सब्ज़ियाँ आदि से युक्त कलेवा था।

दशरथ को वहाँ के वातावरण ने मोह लिया। वह बोले, "काश, राज्यों की व्यवस्था ऐसी हो जाये!"

"होगी, राजन। रामराज्य आयेगा। सभी मेहनतकश होंगे। सभी खुशहाल होंगे।" गुरु वशिष्ठ के इतने आश्वासन से वह गद्गद हो गये।

इसके बाद सब रथों में बैठे और गुरुदेव को प्रणाम कर दशरथ चल दिये परन्तु माताओं ने गुरुदेव के चरण स्पर्श किये। आशीर्वाद लिया। उसके बाद वे रथ में बैठीं।

रथ चल पड़े।

चारों भाई गुरुदेव से आज्ञा लेकर अपनी-अपनी कुटिया का अपनी इच्छानुसार निर्माण करने लगे। उनको कुटिया निर्माण में शंकर राय की सहायता मिली।

गुरुदेव ने उन्हें समय देना भी चाहा। राम ने अतिथि कक्ष की अपेक्षा अपनी कुटिया में रहना पसन्द किया।

पन्द्रह दिन में कुटिया बन गयी। एक दृष्टि उभरकर आयी। उन्होंने कुटिया के साथ बेलें भी लगाईं। उनको छप्पर तक जाने की व्यवस्था भी की।

दिनचर्या आम शिष्य की तरह बन गयी। सूर्योदय से बहुत पहले उठते वे। नदी तक जाते। स्नान करते। वहीं अपने कपड़े, नदी से बाहर आकर धोते। महलों में न उन्हें ऐसा काम नहीं करना पड़ता था। परन्तु उनमें इससे ज़रा भी आलस्य नहीं आया। उलटे उन्हें इन कामों से ताज़गी मिलने लगी। वे अपने को पहले से ज़्यादा फुर्तीले, प्रसन्न और लगनशील बनता अनुभव करने लगे।

लक्ष्मण कहता, ''भैया राम, यह जीवन-दिनचर्या अत्यन्त मनभावन और आनन्ददायक है। देह का अंग-अंग खुल जाता है।''

भरत कहता, ''अपनापन गहराता है। यहाँ सुखकर लगता है जीवन का हर पल।''

''लगता है, हर पल हम अपने में जी रहे हैं। अपने हो रहे हैं।'' शत्रुघ्न कहता।

''अपनापन क्या होता है। जीने का आनन्द कैसे मिलता है! समय नदी कैसे बनता है! यह सब हमारे लिए नया अनुभव है। ...काश

महल के स्थान पर सब जगह कुटियाएँ होतीं। वन जीवन सब जीते।'' राम अपनी कल्पना को बहने देते।

गुरुदेव वशिष्ठ ने उन चारों से पूछा था, ''यहाँ भी राज्य है पर यहाँ का कोई राजा नहीं है। दरबारी भी नहीं हैं। दास-दासियों की व्यवस्था भी नहीं है। अपनी दिनचर्या अपने आप का मन्त्र साकार है। यह सब कैसा लगा आप चारों को?''

''गुरुदेव, कुछ ही दिनों में हम नदी बन बहने लगे।'' राम कहते, ''आनन्द के स्वप्न हम में साकार होने लगे। ...सच यह है कि हम जीने का अनुभव करने लगे।''

गुरुदेव ने लक्ष्मण की ओर संकेत किया। लक्ष्मण बोला, ''गुरुदेव, मुझे समझ के कपाट खुलने का पता चला। ...अब तक मैं कपाट बन्द में जीने का आदी था। लेकिन अब यहाँ के हवा, पानी ने अपनेपन का ऐसा अनुभव कराया कि परायापन का ज़रा-सा पता नहीं रह।''

''यहाँ का सारा वातावरण इतना आत्मविभोर कर गया कि एक छोटी नदी मुझे कविता तक ले आयी।'' भरत ने कहा।

''तो वह भी सुना दो, भरत।''

अब सबका ध्यान भरत पर था। भरत भावलोक में उतरने लगा। संगीत को बहाने लगा। उसका मधुर कंठ कोयल बन गया। वह सुना रहा था–

पहली बार हवा मैंने तुम्हें सुना है
तुम नदी बन अपने में गुनगुनाई हो
पहली बार जानी है, शीतलता क्या है

धरती आकाश मिलकर क्या गाते हैं
कह भरत चुप हो गया। सब आनन्दित हो उठे।

अब शत्रुघ्न की बारी थी। वह बोला, "गुरुदेव, यहाँ आकर मैंने फूलों की फुलवारी को आपस में बात करते सुना। आश्चर्य से भर गया। जब एक साथ सब फूल बोले, "यहाँ हमें खिलने, सुगन्ध बिखेरने और हँसने-हँसाने से जुड़ने का भरपूर आनन्द मिला है।"

शत्रुघ्न को चुप पाकर राम ने कहा, "गुरुदेव, मुझमें भावलोक उतर आया है।"

"तो सुनाओ, राम। इसमें संकोच कैसा!"
"संकोच नहीं, गुरुदेव, मर्यादा।"
"सुनाओ।"

राम बोले"

"जहाँ पसीना बहता है
वहाँ हवा गुनगुनाती है
नदी को साथ लेकर
फ़सल बन जाती है।"

गुरुदेव वशिष्ठ भी उनकी भावनाओं के साथ बहने लगे। वह बोले, "जहाँ प्यार होता है, वहाँ जीवन लहराता है। विश्वास मुस्कराता है। साधना हिलोरें लेने लगती है। ...सच यह है, मैं तुम्हें जानने के लिए राजमहल पहुँचा था। इतनी छोटी उम्र के तुम चारों पहले शिष्य हो। ...पहले शिष्यों के आत्मीय भावों को सुनकर मेरा चित्त चकोर हो गया। लगने लगा, मेरी कल्पना साकार होगी। ऐसा राज्य

होगा जहाँ विश्वास चरम पर होगा। त्याग विश्वास का फल बनेगा। विश्वास की फ़सल जब लहलहागी तो भगवान विष्णु स्वर्ग से इस धरती पर उतर आयेंगे।''

राम का हृदय गद्गद हो उठा। उनमें बैठे विष्णु ने स्वीकारा, ''मुझे स्वर्ग नहीं, धरती बनी रहने का आनन्द बिखेरना चाहिए। जहाँ संवेदना का त्योहार मनाया जाता है। सुख-दुःख की परछाइयाँ साथ-साथ जीने का अनुभव कराती हैं।

पर राम कुछ बोले नहीं। गौशाला जाने का समय हो गया था। वे चारों गुरुदेव की आज्ञा लेकर उठ गये।

वहाँ से सीधे गौशाला में आ गये। उनको देख बछड़े-बछड़ी आनन्द से उछलने लगे। उन्होंने ताली बजाई। बछड़े-बछड़ी अपनी माँ के थन से अमृत पीने लगे।

उन चारों ने बछड़े-बछड़ी को रस्सी से बाँधने की परम्परा को छोड़ दिया। उनको मन भर माँ का दूध पीने की आज़ादी दे दी। राम ने कहा था, ''आज़ादी का अनुभव जीने की पहली शर्त है। आज़ादी स्वयं में अपना विनय (अनुशासन) है। यही मर्यादा की जननी है। जननी जन कर जितना आनन्द पाती है। मर्यादा उसमें उतना ही सुगन्ध बहाती है।

इस नयी परम्परा का सम्पूर्ण आश्रम स्वागत कर उठा। स्वयं गुरुदेव ने अपने प्रातः सम्बोधन में कहा, ''बँध कर गुलामी के कठघरे में जीना पड़ा है। आज़ादी मिलने पर उससे मर्यादा का फूल खिलता। वहीं से भीगी-भीगी सुगन्ध मन मोह लेती है। यह अनुभव पाकर मैं

खुले मन से राम का अभिनन्दन-करना चाहता हूँ। माँ का अमृत दूध क्या होता है यह शिशु ही अनुभव करता है और उसकी माँ भी अमृत दान कर अपने पर मुग्ध हो जाती है। ...यह सब बछड़े-बछड़ियाँ को जेवरी (रस्सी) से मुक्त कर अनुभव हुआ। शेष दूध पहले से ज़्यादा और सुगन्धित हो उठा। ...मुझे लगता है, मेरा राम ऐसे राज्य को स्थापित कर सकेगा। उसमें धूप-छाँव दोनों प्यारी होंगी। दोनों खिलने और सुगन्ध देने का आनन्द देंगी।''

राम को भी आश्रम में नया और स्वतन्त्र वातावरण मिला। संगठित संस्कारों की मुक्त धारा का वह अनुभव कर सके। तभी तो वह कहने लगे, ''गुरुदेव, कल हम लौट जायेंगे। इन चार सालों में मुझे यहाँ जो अनुभव हुए हैं, उन्होंने मुझमें मर्यादा की फ़सल लहलहाने का अनुभव कराया है। अंकुश दास प्रथा डालते हैं। निरंकुश हैवानी को जन्म देते हैं। आज़ादी मर्यादा की जननी है। माँ बने रहने का भाव पनपाती है। ...सच में गुरुदेव, यहाँ आकर हम सबका दृष्टिकोण बदल गया। जीने और जीने दो का विनय (अनुशासन) आत्मसात् हो सका। चरणों की धूल जब संस्कार बनती है तब सुगन्धित फूल खिलता है। फिर चाहे घर हो या समाज अथवा राज्य। सबकी नियति (भाग्य) इससे जुड़ी है। गुरुदेव, आप सदा मेरे मन को और अपनी मर्यादा को मेरी मर्यादा कैसे बनी रहे, यह याद कराते रहेंगे।''

''धन्य है, पुत्र रत्न। मेरी तपस्या पूर्ण हुई। मुझे इसी दिन देखने की चाह थी बलवती चाह। ...मेरी आशीर्वाद सदा तुम्हारे साथ है। सदा रहेगा।'' गुरु वशिष्ठ ने इतना कहकर आगे कहा, ''तुम सब

आये राजा के साथ। रथ में बैठकरी आज तुम्हारे साथ सारा आश्रम चलेगा। पैदल तुम्हें तुम्हारे राज परिवार को सौंपकर आयेगा। ...चलो, प्रिय शिष्यो, राजमहल में आश्रम की ज्योति को महकने की सौगात लौटा आयें।''

सम्पूर्ण आश्रम चल पड़ता है। गुरुदेव वशिष्ठ के साथ दोनों ओर राम-लक्ष्मण और भरत-शत्रुघ्न हैं।

"अरे, रामलखन, अभी तो तेरा सीरियल आने में देर है।" दादी कहती।

"हाँ, दादी, जानती हूँ। परन्तु...।"

"परन्तु क्या, पुत्र। घर में किसी ने कुछ कह दिया क्या? ...या किसी ने पिटाई कर दी" दादी अपनापन जताती प्यार से पूछती।

"ऐसा कुछ नहीं हुआ है, दादी।"

"तो कैसा हुआ है, म्हारे रामलखन।"

"कल जो सीरियल देखा था।"

"तो?"

"उसमें कुछ बातें समझ में नहीं आयीं। उन्हें मैं जानने के लिए आया हूँ।"

"जैसे क्या समझ में नहीं आया, हमारे प्यारे रामलखन।" दादी ने पूछा।

"आज़ादी क्या है? मर्यादा क्या है? उनसे सुगन्ध आना क्या है, दादी?" रामलखन ने एक साथ कई प्रश्न कर डाले।

दादी मुस्करायी। वह बोली, ''मुझे ख़ुशी है। ...तू सीरियल को समझकर देख रहा है। माना ये प्रश्न बड़े हैं। तेरी अभी उम्र उनसे बहुत छोटी है। लेकिन ज्ञान की कोई उम्र नहीं होती है। यह भी सच है।''

रामलखन दादी की ओर देखने लगा।

दादी ने रामलखन को गम्भीर देखकर कहना शुरू किया, ''तुझे खेलता देखकर ...विशेष रूप से तब जब परीक्षाएँ नज़दीक आ जाती हैं।''

''तो, दादी?''

''तुझे झिड़की पड़ते लगती हैं। ...तेरी पिटाई भी हो जाती है न, रामलखन।'' दादी कहती, ''मुझे भी बुरा लगता है। पर...।''

''पर क्या दादी?'' दादी को चुप पाकर रामलखन पूछता।

''पढ़ना भी ज़रूरी है। ...माना तुझे खेलने की आज़ादी है। पर ऐसे समय खेलने से पढ़ाई में हर्ज होता है। यदि तू ऐसे समय पढ़ने पर ध्यान दे तो तुझे घर में कोई कुछ नहीं कहेगा। तू दुःखी भी नहीं होगा। ...तू यह करने लगेगा। तो यह तेरी आज़ादी की मर्यादा होगी। मर्यादा सदा आनन्द का स्रोत होती है।'' दादी कहे जा रही थी। तभी रामलखन ने पूछा, ''वह कैसे?''

''मर्यादाएँ हमारी अपनी सीमाएँ तय करती हैं। ...तूने सीरियल में कल यह भी देखा। गुरु वशिष्ठ के राम के साथ तीनों भाई पाँव छूने लगे। हर फलदार वृक्ष की टहनियाँ झुक जाती हैं पर काँटों की नहीं। ...झुकना विनय है। विनय विद्या देती है। विद्यावान बनाती है। इस सबसे प्रसन्नता होती है। अमुक लड़का बहुत अच्छा है। अच्छा होना

ही... उसकी सुगन्ध है। सुगन्ध सबको अच्छी लगती है। कल से तू माता-पिता, बड़े-बूढ़े ...यहाँ तक अपने मित्रों का भी आदर करके देखना। तेरी प्रशंसा सब करने लगेंगे।'' इतना कहकर दादी की दृष्टि घड़ी पर गयी। वह तत्काल बोली, ''अपने दादा को बुलाकर ला। सीरियल शुरू होने वाला है।''

दादा ने आकर टी.वी. लगा दिया। सीरियल शुरू हो गया।

राम को आश्रम से लौटे एक माह हुए थे। दशरथ ने अनुभव किया कि राम सहित तीनों पुत्रों में बहुत परिवर्तन आया है।

आज ब्रह्मऋषि विश्वामित्र पधारे हैं। सारा दरबार उनके सम्मान में खड़ा हो गया। स्वयं दशरथ ने आगे बढ़कर उनका सम्मान किया। कहा भी, ''अहोभाग्य हमारे जो आप पधारे। ...आसन ग्रहण कीजिए, ऋषि।''

''राजन, आपके पुत्र राम और लक्ष्मण की आवश्यकता आन पड़ी है।''

''सब कुशल तो है, ऋषि।''

''कुशल होता तो मैं शायद अभी नहीं आता। मुझे ज्ञात हुआ है। आपके चारों पुत्र गुरुदेव के आश्रम से शिक्षा-दीक्षा लेकर लौटे हैं।''

''सत्य है, ब्रह्मऋषि।''

''गुरुदेव वशिष्ठ का आश्रम और उनके विद्यापीठ से निकला शिष्य हर क्षेत्र में दक्ष होता है।'' ऋषि विश्वामित्र ने दबे स्वर में कहा।

''जी ब्रह्म ऋषिवर। आप सबका आशीर्वाद है। ...आज्ञा कीजिए।''

''वह मैं आग्रह कर चुका हूँ, राजन।''

''समझ रहा हूँ, ब्रह्मऋषि।''

''कोई अड़चन, राजन।''

''सेना भी भेज सकता हूँ। पराक्रमी योद्धा भी। तनिक खुलकर बतायें।''

''वन में राक्षस हमारे तपोनिष्ठ ऋषियों के आश्रम उजाड़ने लगे हैं। उनकी बर्बरता ने हालात बिगाड़ दिये हैं।''

"आपकी तपोभूमि तो बिहार का बक़्सर जिला है।" दशरथ ने कहा।

''वह उनके आक्रमण से आक्रान्त है। ...आश्रम को बचाने वाला कोई नहीं है।'' विश्वामित्र ने कहा।

''तब तो सेना और पराक्रमी योद्धा भी भेजने होंगे, ब्रह्मऋषि।'' दशरथ ने झुककर कहा।

''नहीं, राजन, मुझे राम और लक्ष्मण पर विश्वास है। वहाँ ताड़का राक्षसी और राक्षस मारीच ने उपद्रव मचा रखा है। उनके लिए सेना

की ज़रूरत नहीं है। वे दोनों पर्याप्त हैं। इनके सामने वे दोनों टिक नहीं पायेंगे। उनकी राक्षस सेना भी भाग खड़ी होगी। ...यदि उनमें से एक मारा गया तो उनमें ऐसा भय व्याप्त हो जायेगा। फिर वह इधर आने का नाम भी नहीं लेंगे।'' विश्वामित्र ने समझाया।

तभी राम और लक्ष्मण ने ब्रह्मऋषि विश्वामित्र के चरण स्पर्श किये। आशीर्वाद पाया।

दशरथ को उनकी अवस्था (उम्र) देखकर हिचकिचाहट हो रही थी।

विश्वामित्र दशरथ की मनःस्थिति समझकर बोले, ''राजन, उनकी अवस्था मत देखिए। मुझ पर विश्वास हो तो उन्हें आज्ञा दीजिए।''

दशरथ क्या करें? विश्वामित्र की शक्ति को वह पहचानते थे।

राम ने धीरे से कहा, ''पिताजी, ब्रह्मऋषि स्वयं उनके लिए काफ़ी हैं। वह यह कार्य हमारे से करवाकर राक्षस समाज को सबक सिखलाना चाहते हैं। उनके शक्ति रूप को देख राक्षस समाज भयभीत हो जाये। ...भय शक्ति से शक्तिशाली को कमज़ोर कर देता है।"

अन्त में दशरथ को मान जाना पड़ा। वह कहने लगे, ''ब्रह्मऋषि पर विश्वास करना ही पड़ता है। ...जाओ, पुत्रो, जाओ।''

राम और लक्ष्मण अन्दर गये। दोनों ने माँओं से आज्ञा ली। उनके चरण स्पर्श कर आगे बढ़ गये।

अब वे सब रथ में बैठे।

रथ चल पड़ा।

बक्सर पहुँच गये। रास्ते में उजड़े हुए छोटे-छोटे आश्रम देखे। उजड़ती हुई बस्ती देखीं। विश्वामित्र बताते रहे। वन जीवन तहस-नहस हो रहा है। वन छोड़कर वनवासी भाग खड़े हुए हैं।''

सन्ध्या ढल रही थी। राम लक्ष्मण को बता रहा था ..ताड़का से सामना हो जाए। फिर भयमुक्त बक्सर हो जायेगा।

''भैया वनवासी जो जंगल छोड़कर चले गये, उन्हें वापस बुलाया जाये। भय तो उनका दूर करना है।''

''तुम ठीक कहते हो लक्ष्मण। हमें उन्हें ही भयमुक्त करना है। उनका विश्वास लौटाना है।" राम समझाता।

''इस काम को कैसे किया जा सकेगा? ...कौन करेगा?''

''ब्रह्मऋषि विश्वामित्र।'' राम कहता।

''हाँ ...लेकिन वह उनका विश्वास क्यों करने लगेंगे।''

''क्यों?'' राम प्रश्न करता।

''क्यांकि वे ब्रह्मऋषि को भी भगोड़ा मानेंगे।'' लक्ष्मण कहता।

''तो?'' राम पूछता।

''हमें ही पहल करनी होगी। राक्षसों को मारना होगा। उनके आक्रमण बेअसर हो जायेंगे। यह सन्देश चारों ओर फैलने लगेगा। उससे वनवासी लौटने लगेंगे।'' लक्ष्मण कहता।

''लक्ष्मण, हमें सही रास्ता अपनाना उचित रहेगा।'' राम कहते, ''इसी से राक्षसी ताड़का को आना पड़ेगा। ..तब हम उसको भार सकेंगे।''

''इसमें ब्रह्मऋषि से भी सलाह करनी चाहिए। ...हमें यहाँ इतने दिन हो गये। अभी तक हुआ कुछ नहीं।''

''चलो, उनसे ही बात करते हैं।''

''मैं यहीं हूँ, राम लक्ष्मण। मैं तुम्हारी कुछ बातें सुन चुका हूँ।'' विश्वामित्र शान्त भाव से कहते।

''तब तो आपका मार्गदर्शन हमें चाहिए।'' राम कहता।

"ताड़का आये तब उससे आमना-सामना हो।" लक्ष्मण सोचता हुआ कह जाता।

"ताड़का बहुत चालाक है। वह यह जान चुकी है कि हम दो धनुर्धर को लेकर आये हैं। ...वे कौन हैं? कहाँ से लेकर आये हैं। राक्षस सेना से दो आक्रमण असफल हो चुके हैं। इससे उनमें खलबली मच गयी होगी। अनेक राक्षस मारे गये हैं। घायल तो बहुत हुए हैं।"

"फिर, ब्रह्मऋषि?" राम पूछता।

"क्या हमें उन पर आक्रमण करना उचित होगा ऋषिवर," लक्ष्मण जानना चाहता।

"थोड़ा रुकना होगा। मारीच की दृष्टि में ये सब होगा। ...शायद वे दोनों इसकी ही प्रतीक्षा कर रहे हों।" विश्वामित्र समझाकर सोचने लगते।

"ब्रह्मऋषि, मेरे मन में एक विचार कई दिनों से उमड़-घुमड़ रहा है।"

"क्या, लक्ष्मण? कह डालो।"

"क्यों न हम उनके क्षेत्र पर अग्निबाण की वर्षा कर दें। उस क्षेत्र का अधिकांश भाग धू-धू कर जल उठेगा। वहाँ खलबली मच जायेगी। ताड़का यह बर्दाश्त नहीं कर पायेगी। उसे आक्रमण करना ही पड़ेगा।" लक्ष्मण ने कहा, "मुझे यही एक रास्ता दिखलाई दे रहा है।"

विश्वामित्र ने राम की ओर देखा। राम समझ रहा था। लक्ष्मण युद्ध का पक्षधर है। इस समय कुछ स्थिति भी ऐसी हो चली है। वह कहने लगे, "ऋषिवर, लक्ष्मण का सुझाव भी ठीक है। यह किया जा सकता है।"

सबकी एक राय बन गयी। विश्वामित्र भी मान गये।

रात हुई। अग्निबाण की बौछार होने लगी। आग की लपटें उठने लगीं।

कुछ समय बाद ही भयानक आवाज़ हुई। ताड़का का भयानक रूप सामने आ गया। वह मायावी रणचण्डी बन गयी। मारीच भी यह बर्दाश्त नहीं कर सका। उसने भी मायावी रूप धारण कर आक्रमण कर दिया।

"भैया, अब युद्ध की धधक उठी आग को अंजाम देना है।"

राम उठे। धनुष बाण सँभाला।

युद्ध महायुद्ध में बदल गया।

राम और लक्ष्मण के पास तो सेना नहीं थी। राक्षस सेना आगे बढ़ी। लक्ष्मण ने उसका विध्वंस करना शुरू कर दिया।

राम ने ताड़का की मायावी शक्ति को निष्फल करना प्रारम्भ कर दिया। उसने कई भयानक रूप धारण किये। ताबड़तोड़ बाणों की वर्षा कर दी।

राम ने उसकी इस माया को भेद डाला। ताड़का हैरान रह गई। उसकी माया काम नहीं कर पा रही थी।

मारीच भी रौद्र रूप धारण करके भी कुछ नहीं कर पा रहा था। राक्षस मारे जा रहे थे। शत्रु पक्ष के पास सेना कहाँ थी। वनवासी वन छोड़ चुके थे। अब वह अपनी मायावी शक्ति से किसका विध्वंस करे।

तभी ज़ोर की चीख़ सुनाई पड़ी। विशालकाय ताड़का तड़प उठी थी। उसका अंग-अंग जल उठा था।

मारीच घबरा गया। राक्षसी सेना किससे लड़े? किसको मारे। वह बिना किसी से लड़े मर रही थी।

मारीच अपनी जान बचाकर भाग खड़ा हुआ।

ताड़का मारी जा चुकी थी। उसे दफना दिया।

कुछ दिनों में बक्सर क्षेत्र निर्भय हो गया। वनवासी लौटने लगे।

ब्रह्मऋषि विश्वामित्र ने वनवासी समाज से राम और लक्ष्मण का परिचय कराया।

इस अवसर पर राम ने कहा, ''ब्रह्मऋषि स्वयं शक्ति के अवतार हैं। वह हमें आपसे मिलाना चाहते थे। बताना चाहते थे। राजकुमारो आपके राज्य में वनवासी भी रहते हैं। वन में आश्रम भी हैं। उनकी रक्षा का दायित्व हमारा है। हर आश्रम शान्तिपीठ है। ...वनवासियो,

ये वन आपके हैं। आप इनके स्वामी हो। अपनी शक्ति को संगठित करो। निर्भय होकर शेर चीते की तरह रहो। आश्रम में अपनी सन्तान को भेजो। उनकी शक्ति को बढ़ाओ। उनसे जीने का मन्त्र सीखो। ...ध्यान में रहे, संगठन जहाँ है शक्ति वहाँ है।

इसके बाद सभा विसर्जित।

राम ने कहा, ''ब्रह्मऋषि, अब आज्ञा दीजिए। लौटना है।''

ब्रह्मऋषि मुस्कराये। वह बोले, ''राम मुझे तुम दोनों की शक्ति पर भरोसा था। राजधर्म याद कराने के लिए यह सब किया।

राम और लक्ष्मण, तुम्हें लाया मैं था। विश्वास मैंने तुम्हारे परिवार को जताया था। इस कारण मैं तुम्हें अकेले नहीं लौटने दूँगा। मैं भी साथ चलूँगा।''

''जैसी आज्ञा, ब्रह्मऋषि।''

''कल सुबह प्रस्थान करेंगे। रथ तैयार होगा। लौटेंगे मिथिला होकर।''

''वहाँ क्या है, ब्रह्मऋषि?''

''विदेह राजा जनक हैं। उनके समाचार भी लेते चलेंगे।''

सुबह फिर आयी।

सूर्य दमका।

बक्सर महक रहा था। वह कह रहा था—वन ही जीवन है। जीने का मन्त्र है। राम प्रसन्न थे। यह सब देखकर और मन में वन की आवाज़ सुनकर।

अचानक मिथिला राजय में प्रवेश हो गया। राम कहीं खोये हुए थे। ब्रह्मऋषि विश्वामित्र लक्ष्मण को बिहार के भूगोल को बता रहे थे। तभी लक्ष्मण कह उठे, ‘‘लगता है, हम मिथिला राज्य में प्रवेश कर रहे हैं। ...यहाँ सौन्दर्य की सुगन्ध स्वागत कर रही है। जगह-जगह वाटिकाएँ हैं। झीलें भी हैं। पक्षी वृन्द चहक रहे हैं।

‘‘हम गंगा पार करके आ रहे हैं, लक्ष्मण, वह देखो, यहाँ शोण नदी गंगा जैसी विशाल अपना सौन्दर्य बिखेर रही है। आगे चलकर वह गंगा में मिल जायेगी। मिथिला राज्य का सौन्दर्य इन दोनों नदियों से है।’’

थोड़ी देर बाद विश्वामित्र कहने लगे, ‘‘लक्ष्मण हर जगह का अपना महत्त्व है। अपना पुण्य प्रताप है। अपना सौन्दर्य पराग है। सुगन्ध है। धरती माता है। माता का आँचल ममता के सौन्दर्य-सुगन्ध से गद्गद होता रहता है।’’

"अब मिथिला राज्य में अनेक द्वार सजे-सजे सामने आ रहे हैं। ...आज कोई त्योहार-पर्व है क्या?" लक्ष्मण पूछ रहा था।

विश्वामित्र को पता तो सब था। फिर भी रथ रुकवाकर एक नगरवासी से पूछा, "आज यहाँ सजावट किसलिए है, भाई।"

"आपको नहीं मालूम, ऋषिवर। विदेह के राजा जनक ने अपनी पुत्री का स्वयंवर रचाया है।"

"धन्यवाद, मित्र।"

"तब तो पाती अयोध्या भी भेजी होगी। पर राम तो हमारे साथ हैं।" विश्वामित्र कहने लगे।

"तो, ब्रह्मऋषि?"

"विदेह की पुत्री सीता सौन्दर्य और स्वभाव की देवी हैं। ...रथवान रथ उधर मोड़ो।"

राम मानो जग गया। लक्ष्मण बोला, "भैया, काश आँख खोलकर चल पाते।"

"मैं मन की कथा सुन रहा था आँख बन्द करके। मन बहुत चंचल है। अस्थिर। इसके एकाग्र करने के लिए तप करना पड़ जाता है।" राम ने कहाँ।

"कैसा तप?"

"मन को एकाग्र-स्थिर करने का तप, लक्ष्मण।"

"क्या कहा तब मन ने?"

"अद्‌भुत होना है यहाँ कुछ। उसने पूरी तैयारी के रहस्य का संकेत दिया।"

"क्या, भैया?"

बीच में विश्वामित्र बोल पड़े, "लक्ष्मण, मन की बात सदैव मन में रहनी चाहिए। ...बात दी तो न अद्भुत आनन्द देखा जा सकेगा और न रहस्य का सौन्दर्य। ...अब हम वहीं चल रहे हैं, लक्ष्मण।"

"बिना पाती निमन्त्रण के, ब्रह्मऋषि?"

"ऋषि को किसी की आज्ञा लेने या निमन्त्रण की आवश्यकता नहीं होती, लक्ष्मण। वह हवा, पानी व प्रकाश की तरह हर जगह निर्विघ्न जा सकता है।" विश्वामित्र ने समझाया।

अब वे सब स्वयंवर स्थान के पास जा पहुँचे।

जनक ने विश्वामित्र का स्वागत किया। तब विश्वामित्र ने राम और लक्ष्मण का परिचय दिया—अयोध्या महाराजा दशरथ के राम सबसे बड़े पुत्र हैं। साथ में उनके लघु भ्राता (भाई) लक्ष्मण। अभी राक्षसी से आक्रान्त जन भूमि को भयमुक्त करके आ रहे हैं। राक्षसी ताड़का का संहार करके।"

जनक ने दोनों राजकुमारों का भी स्वागत किया। तिलक लगाया। विश्वामित्र ने उनको अपने पास बैठाया।

विश्वामित्र ने पूछा, "राजन, स्वयंवर की क्या शर्त रखी है?"

जनक ने बताया, "सामने वह शिव धनुष रखा है। उसकी प्रत्यंचा जो चढ़ा सकेगा, सीता का विवाह उससे ही होगा।"

"शुरू करिए अपनी प्रतियोगिता, राजा जनक। हम सब दर्शक हैं।"

"पाती अयोध्या भी भेजी है, ब्रह्मऋषि।" जनक ने बताया।

“इस समय मैं इन दोनों पुत्रों को महाराजा दशरथ को सौंपने जा रहा हूँ, राजन।”

“आपकी आज्ञा हो तो राजकुमार राम को प्रतियोगियों की श्रेणी में बिठलाया जाये।” जनक का ध्यान राम के मुख-मण्डल के आकर्षण पर था।

विश्वामित्र ने राम की ओर देखकर कहा, “देश-देश के महाप्रतापी राजा उपस्थित हैं। वही उचित है। राजकुमार राम के लिए महाराजा दशरथ की अनुमति ज़रूरी है, राजन।” विश्वामित्र ने कहा।

आधी प्रतियोगिता हो चुकी थी। अनेक शूरवीर राजा-राजकुमार थककर अपने स्थान पर आ बैठे थे।

प्रतियोगिता पुनः शुरू हुई।

शिव के धनुष की प्रत्यंचा तो दूर की बात थी। कई राजा-राजकुमारों को धनुष उठाना भी कठिन हो गया था।

सीता बराबर राम की ओर देखे जा रही थी। राम का ध्यान कहीं और था।

लक्ष्मण यह देख रहा था। वह सीता के विमल सौन्दर्य की आभा को राम से जोड़कर देख रहा था। प्रसन्न भी हो रहा था। परन्तु प्रतियोगी महायोद्धा, पराक्रमियों को देखकर उदास रह गया। एक से बढ़कर एक-एक प्रतियोगी वहाँ थे। सब पराक्रमी थे—वीर!

हैं। लक्ष्मण चौंका। जो प्रतियोगी आ रहा था, वह प्रत्यंचा नहीं चढ़ा पा रहा था। वह निराश होकर लौट रहा था।

लक्ष्मण दूसरी बार चौंका। सारे प्रतियोगी हार कर अपने स्थान पर आ बैठे थे। अब! क्या होगा! सीता गुमसुम हो गयी थी।

काश, विश्वामित्र ने राम को प्रतियोगियों के मध्य बैठ जाने दिया होता। वह निश्चित धनुष उठा लेते। प्रत्यंचा भी चढ़ा देते।

जनक निराशा में सिर से पाँव तक डूबा हुआ था। वह करे तो क्या करे? तभी जनक के निकट उनका प्रधानमन्त्री आया और उसने जनक के कान में कुछ कहा और लौट गया।

राम की अवस्था देखकर जनक संकोच कर रहे थे। तभी उनका ध्यान ताड़का जैसी राक्षसी पर गया। वह जिधर जाती, उधर ही अपना आतंक फैला देती थी। उसे मारा। फिर तो यह सोचकर जनक विश्वामित्र से हाथ जोड़कर विनती करने लगे, ‘‘ब्रह्मऋषि आपकी कृपा हो जाये। राजकुमार राम को अनुमति दे दें। तब यह स्वयंवर सफल हो सकता है। मेरी आशा के केन्द्र में राजकुमार राम हैं। आशा है, आप एक पिता की मानसिकता को समझ सकेंगे।’’

‘‘और यदि...।’’

‘‘अन्तिम प्रयास होगा। यह प्रतियोगिता बहुत मुश्किल से आयोजित

हो सकी है।'' जनक के स्वर में गहरा दर्द था। वह सीता को देख नहीं पा रहे थे। प्रतियोगिता की यह शर्त भी नारद मुनि के करण रखी गयी थी। उन्होंने सपने में भी नहीं सोचा था कि पृथ्वी वीर विहीन हो सकती है। स्वयं सीता इस धनुष को उठाकर सफ़ाई करती है। ...लेकिन यह रहस्य वह किस पर प्रकट करें।

विश्वामित्र ने राम की ओर देखा। राम शान्त था। वह तटस्थ था।

लक्ष्मण भी राम की ओर देख रहा था। जनक हाथ जोड़े खड़े थे।

अन्त में विश्वामित्र को कहना पड़ा, ''राम, एक प्रयत्न तुम भी करो। राजा जनक की प्रार्थना का मान रह जायेगा।''

राम संकट में थे। क्या करें, क्या नहीं। विश्वामित्र ने सहज ही कह डाला।

''चिन्ता मत करो। मैंने राजा दशरथ को भी बहुत पहले यह सन्देश भिजवा दिया था।'' विश्वामित्र ने धीरे से कहा।

क्या विश्वामित्र इस कारण इधर से आये हैं?

''हाँ, राम, तुमसे कुछ छिपा नहीं है। ब्रह्मऋषि को स्वयंवर की सूचना थी। ...चलो, उठो अब प्रयत्न करके देखो।''

इस बार राम ने सीताक की ओर देखा। वह भी याचना की मुद्रा में थी।

धीरे से राम उठे। आगे बढ़ने लगे। सबकी दृष्टि राम पर गयी। किसी को भी उस पर विश्वास नहीं हुआ।

अब राम धनुष के पास पहुँच चुका था। उसने मन-ही-मन शिवजी की आराधना की। उनकी आज्ञा ली। फिर एकाग्र मन से नीचे झुके।

धनुष को मन-ही-मन नमन किया। तब जाकर धीरे से धनुष उठाया। धनुष सहज ही उठा लिया। अब प्रत्यंचा चढ़ाने की बारी आयी। धनुष की प्रत्यंचा पर हाथ रखकर तेज़ी से अपनी ओर खींचा। तभी ज़ोर का धमाका हुआ। सब चौंक पड़े। भयभीत भी हुए।

चारों ओर से तालियों की गड़गड़ाहट हुई। धनुष के दोनों खण्ड को राम ने उठाया, माथे से लगाया।

सीता की आँखें भर आयीं। राम पूर्ववत् बने रहे। लौट कर राम ने विश्वामित्र के पाँव छुए। तभी उनका भेजा व्यक्ति लौट आया। उसने बताया कि महाराजा दशरथ ने कहलवाया है कि उन्होंने आपको राम और लक्ष्मण सौंपे हैं। उनके बारे में वे ही निर्णय लेने में सक्षम हैं।

राम के गले में सीता ने वरमाला डाल दी। हवन हुआ। इस तरह राम का विवाह सीता से हो गया।

इसी के साथ सीरियल बन्द हो गया।

थोड़ी देर बाद रामलखन ने पूछा, "अब आगे...।"

"ये तो यहीं तक था। चौदह एपिसोड तक था। तेरी अवस्था वालों के लिए यहीं तक काफ़ी है। ...तू चिन्ता मत कर। तू चाहेगा तो मैं तुझे 'रामचरितमानस' पढ़ने को दे दूँगी। ..अब तुझे तो राम चरित का अनुसरण करना चाहिए। यही इसके देखने से लाभ लिया जा सकता है। ...ठीक है। अब जाकर पढ़।" दादी ने समझाया।

रामलखन उठकर चल दिया।

□□